# Bijbelse Dagkalender 2025

79e jaargang

KokBoekencentrum Uitgevers • Utrecht

Ontwerp omslag: Studio Anton Sinke
Lay-out en dtp binnenwerk: Gewoon Geertje

Het bijbelleesrooster dat in deze *Bijbelse Dagkalender* wordt gevolgd is van het Nederlands-Vlaams Bijbelgenootschap, www.bijbelgenootschap.nl. De bijbelteksten in deze uitgave zijn ontleend aan de NBV21-vertaling.

ISBN 978 90 435 4070 4
NUR 707
www.kokboekencentrum.nl

# Woord vooraf

In de kinderbijbel waarmee ik opgroeide werden sommige verhalen overgeslagen. Die werden niet geschikt of te moeilijk gevonden voor kinderen. In de zondagse eredienst worden ook lang niet alle bijbelgedeelten gelezen. Sterker nog, over sommige bijbelboeken heb ik nog nooit horen preken.
Deze *Bijbelse Dagkalender* volgt het leesrooster van het Nederlands-Vlaams Bijbelgenootschap. In de loop der jaren komt daarbij de hele bijbel aan de orde, ook de minder bekende bijbelgedeelten. De teksten zijn afwisselend uit het Oude en Nieuwe Testament gekozen.
Sommige teksten zijn geliefd, andere teksten schuren. Ze roepen vragen op of soms zelfs weerstand. In dit boek worden die ongemakkelijke teksten niet overgeslagen. Juist daarbij is het zo fijn om enige uitleg aangereikt te krijgen. Het kan goed doen om te merken dat anderen er ook mee worstelen.
De bijdragen in de *Bijbelse Dagkalender* zijn geschreven door theologen uit de breedte van de Protestantse Kerk. Zij hebben ieder ongeveer drie weken voor hun rekening genomen. Het is boeiend om te ontdekken hoe de diverse schrijvers met de teksten omgaan. De ene auteur legt uit en verklaart, een ander 'vertaalt' de tekst naar onze eigen handel en wandel, een derde schrijft een soort spiegelverhaal. Allen bieden zij stof tot bezinning en geloofsverdieping aan.

De auteurs hebben bij iedere dag een lied uitgekozen uit het *Liedboek. Zingen en bidden in huis en kerk*. Een lied om te zingen of te lezen.
Op de laatste bladzijden vindt u een aantal gebeden voor persoonlijk gebruik.
Kortom, de *Bijbelse Dagkalender* biedt u een rijk boeket aan teksten, toelichting, liederen en gebeden om persoonlijk of samen met anderen te gebruiken.

Ds. Annemieke Parmentier-Blankert

## Redactie

Ds. A.M. Parmentier-Blankert, Hilversum
Ds. A. Wijting, Gorinchem

Auteurs vanaf

Ds. E.B. Mandemaker 01-01
*protestants predikant te Noordwijkerhout*

Ds. P. Goodijk 23-01
*protestants emeritus predikant te Zierikzee*

Ds. P.J. van Midden 15-02
*protestants predikant te Schoonrewoerd*

Ds. A. Verbaan 09-03
*protestants predikant te Bennekom*

Ds. H.A. Klip 31-03
*protestants predikant te Voorhout*

Ds. R. van den Beld 20-04
*protestants emeritus predikant te Baarn*

Ds. G. de Vries 11-05
*protestants predikant in de Waddengemeente Texel*

Ds. S. Ypma 31-05
*protestants predikant te Franeker*

Ds. H. Smits 22-06
*protestants predikant te Apeldoorn*

Ds. D.J. Versloot 15-07
*protestants predikant te Mijdrecht*

Ds. M.L. Meijer 05-08
*protestants predikant te Engelen*

Ds. A. Sterrenburg 26-08
*protestants emeritus predikant te Voorburg*

Ds. C.E. Dahmen 17-09
*protestants predikant te Boornbergum*

Ds. C.A. van der Graaf — 09-10
protestants predikant te Veenendaal

Ds. A.N. Driebergen — 29-10
protestants predikant te Noordeloos

Ds. R. van Essen — 18-11
protestants emeritus predikant te Delft

Ds. C.S.H. Rijken — 09-12
protestants predikant te Utrecht

Ds. A.C. Bronswijk — gebeden
protestants emeritus predikant te Deventer

# Feest- en gedenkdagen 2025

| | |
|---|---|
| 1 januari | Nieuwjaar |
| 12 maart | Biddag voor gewas en arbeid |
| 13 april | Palmzondag |
| 17 april | Witte Donderdag |
| 18 april | Goede Vrijdag |
| 20-21 april | Pasen |
| 27 april | Koningsdag, verjaardag Z.M. koning Willem-Alexander |
| 4 mei | Dodenherdenking |
| 5 mei | Bevrijdingsdag |
| 17 mei | Verjaardag H.M. koningin Maxima |
| 29 mei | Hemelvaartsdag |
| 8-9 juni | Pinksteren |
| 31 oktober | Hervormingsdag |
| 1 november | Allerheiligen |
| 2 november | Allerzielen |
| 5 november | Dankdag voor gewas en arbeid |
| 30 november | Eerste zondag van de Advent |
| 7 december | Tweede zondag van de Advent |
| 14 december | Derde zondag van de Advent |
| 21 december | Vierde zondag van de Advent |
| 25-26 december | Kerst |
| 31 december | Oudjaar |

# Joodse feest- en gedenkdagen 2025

*(Israëlitisch jaar 5785/5786)*

| | |
|---|---|
| 13 februari | Toe Bisjevat (Bomenfeest) |
| 14 maart | Poeriem (Lotenfeest) |
| 13-20 april | Pesach (Paasfeest) |
| 25 april | Jom Hasjoa (herdenking Holocaust) |
| 3 mei | Jom Ha'atsmaoet (Onafhankelijkheidsdag 1948) |
| 2-3 juni | Sjavoeot (Wekenfeest) |
| 3 augustus | Tisja Beav (Verwoesting van de Tempel) |
| 23-24 september | Rosj Hasjana (Nieuwjaar) |
| 2 oktober | Jom Kippoer (Grote Verzoendag) |
| 7-13 oktober | Soekot (Loofhuttenfeest) |
| 14 oktober | Sjemini Atseret (Slotfeest) |
| 15 oktober | Simchat Thora (Vreugde der Wet) |
| 15-22 december | Chanoeka (Inwijdingsfeest) |

## **1 januari** | woensdag

NIEUWJAAR

*Eeuwig geworteld* Psalm 92

Aan bomen in de Bijbel geen gebrek. Stevig geworteld als ze kunnen zijn en met hun takken tastend en zoekend naar de hemel reikend, blijken zij uitermate geschikt voor een rol in een bijbelverhaal. En het feit dat ze ook zomaar tegen de vlakte kunnen gaan, maakt ze nog geschikter. Zo speelt direct al in het eerste bijbelboek Genesis een boom de hoofdrol bij de verwijdering van de mens uit het paradijs. Staat een boom er in de Bijbel verdord bij, dan gaat er iets niet goed met het geloof; blijkt hij stevig met de wortels in de aarde verankerd, dan kan het godsvertrouwen een stootje hebben. In de psalm van vandaag treffen wij zo'n palm. Een boom van rechtvaardigheid. Rechtschapen, sierlijk, gelovig, heilig. Zo kan het kennelijk zijn: dat de vluchtigheid van het dagelijks leven nietig bij een gelovige afsteekt. Een mooi beeld om in te aarden zo aan het begin van een nieuw jaar!

Lied 513

---

## **2 januari** | donderdag

*Hoop* Titus 1:1-4

Het woord *hoop* heeft in onze tijd een nogal onzekere klank gekregen. 'Op hoop van zegen' is een gevleugelde uitdrukking, waarop bijna automatisch de dood of de gladiolen volgt. We hopen er zogezegd maar het beste van, zeker weten doen we het echter allerminst. Met dat soort grilligheid heeft de hoop waar de Bijbel van spreekt weinig van doen. Bijbelse hoop is zicht hebben op je bestemming, is zicht hebben op de belofte die God aan zijn mensen deed. Hoop is als Abraham kijken naar de sterren, als Mozes de schoenen uitdoen bij een brandende struik, als Elia zich door een briesje omringd weten. Hoop is zo bezien een geweldige kracht om in te leven, juist ook in een tijd van verdriet, of angst en onzekerheid. Mooi dat Paulus zo begint. Zonder hoop zal Titus niets beginnen. Wij trouwens ook niet.

Lied 912:1,2,5

## **3 januari** | vrijdag

*Tucht* Titus 1:5-16

'Niemand hoeft mij iets te gezeggen!' Het was tijdens een gesprekskring, dat een deelnemer dit met enige verontwaardiging eruit gooide. Tucht is in de kerk een besmet woord geworden. Oudere generaties zijn er maar wat vaak op een ongezonde manier in de kerk van hun jeugd mee opgegroeid. Zo ook de vrouw die deze woorden sprak. Ik begrijp haar wel. Niemand vindt het fijn om aangesproken te worden op gedrag, of op een mening. En tegelijk moet ik bekennen dat mijn geloof misschien wel het meest gevormd is door die mensen die de moed hadden om het tegen mij te zeggen als ik iets had gedaan wat in hun ogen verkeerd was. Als zij woorden vonden om mij met hun ogen naar mijn handelen te laten kijken en mijn blindheid te genezen. Heilzaam noemt Paulus dat. Een waar woord!

Lied 834

---

## **4 januari** | zaterdag

*Bescheidenheid siert de mens* Titus 2:1-10

Bescheidenheid was een deugd die mijn moeder in de opvoeding van het grootste belang vond. Regelmatig werd mij dan ook voorgehouden om bij het uitdelen van de koekjes eerst een ander te laten kiezen en nooit het laatste stukje kaas of worst zelf te nemen. Een kind vindt dergelijke vormen van onbaatzuchtigheid knap lastig. Regelmatig ging ik dan ook met de schaal rond, schietgebedjes prevelend dat dat ene gebakje zou blijven liggen, wat natuurlijk nooit gebeurde. Later ontdek je dat zulke matiging van eerste impulsen een belangrijke smaakmaker kan zijn in het leven. Mijn moeder wist dat kennelijk al lang: de natuurlijke drang van een mens kan niet vroeg genoeg een tegenstem worden aangeleerd, opdat de dingen niet over de top gaan. Zou ze dat van Paulus hebben geleerd?

Lied 843

‘Antwoorden zonder vragen – zonder de oorspronkelijke vragen, maar ook zonder de vervolgvragen – zijn als bomen zonder wortels. Hoe vaak worden ons niet “christelijke waarheden” voorgelegd als omgehakte, inmiddels dode bomen, waarin vogels niet meer kunnen nestelen!’

Tomáš Halík: *Geduld met God, Twijfel als brug tussen geloven en niet-geloven*, Boekencentrum, Utrecht 2014, p. 15

---

## **5 januari** | zondag

*Geef vrede, Heer, geef vrede, de wereld wil slechts strijd* Psalm 87
Het Prinsengrachtconcert eindigt ieder jaar met het bekende loflied op de Amsterdamse grachten. Welke muziek er ook eerder klonk, welke musici ook op het podium stonden, de toeschouwers ondervinden nergens zoveel emotie bij als wanneer het refrein van dit lied klinkt. Steden worden wel vaker bezongen. En in mijn woonplaats Noordwijkerhout bezingen we regelmatig arm in arm ‘hoe schoon de duinen zijn.’
Ook Jeruzalem wordt bezongen. Vandaag met de woorden van Psalm 87. Bijzonder is ondertussen dat in dit lied niet gezongen wordt over de schoonheid van de omgeving, of over schitterende grachten. Nee, deze stad wordt geroemd vanwege de Heer. Hij heeft deze stad uitgekozen als zijn woonplaats. Een stad van vrede zal het zijn, waar alle volken uit voortkomen en welkom zijn. Het is een liedje van verlangen en een gebed tegelijk. Wanneer zal die dag van vrede aanbreken?

Lied 1010:1,2

## **6 januari** | maandag

DRIEKONINGEN

*Rechte rug* Titus 2:11-3:7

In Trouw stond een opvoedvraag van ouders die in hun maag zaten met de keus van hun vijfjarige dochter om in Jezus te geloven. Als overtuigde atheïsten maakten zij zich zorgen om hun dochter, die Jezus in plaats van het gezonde verstand had omarmd. Het pleitte voor de ouders dat zij weliswaar niet blij waren met de richting die hun kind op ging, maar haar ook niet zomaar hun wil op wilden leggen. Ik begrijp de aarzelingen van die ouders wel. Het zal je maar gebeuren dat je man, je vrouw, of je kind ineens achter iemand aan gaat van wie jij de aantrekkingskracht totaal niet kunt meemaken. Heeft hij of zij soms het verstand verloren? Paulus waarschuwt Titus: leg het uit, wees niet bang en kruip al helemaal niet in je schulp als iemand de draak met je steekt. Laat niemand op je neerkijken en blijf bij de liefde die je te pakken kreeg!

Lied 974:1,3,4

---

## **7 januari** | dinsdag

*Geen halve maatregelen* Titus 3:8-15

'Deze boodschap is betrouwbaar,' zo drukt Paulus Titus op het hart, voor het geval hij nog mag twijfelen. En dat laatste moet hij wat Paulus betreft echt niet doen, want alleen als er met overtuiging wordt gesproken, zullen zij die op God vertrouwen zich erop toeleggen het goede te doen. Mooi is dat. Een mens heeft kennelijk niet altijd genoeg aan woorden alleen, om over te komen. Woorden zijn namelijk vaak relatief snel gevonden. Maar het gaat dus om die overtuiging die eronder moet zitten. Alleen dan gebeurt er echt iets. De preek op zondag waar iedereen zo van genoten heeft, hoeft niet altijd de beste te zijn. Als het moet, dan moet Titus het mes erin durven zetten. Een heilige overtuiging kan nu eenmaal niet altijd met woorden worden afgedaan om geloofwaardig te zijn en navolging te verdienen.

Lied 1001

## **8 januari** | woensdag

*Een eeuwig refrein* Psalm 136

Het moet wel heel gek lopen als dat ene zinnetje in Psalm 136 na de lezing er niet bij ons in gebeiteld is. Een loflied is dit, waarin God en zijn machtige daden worden bezongen als overweldigende kralen geregen aan een snoer van eeuwigheid. Wat je ook allemaal over God kunt zingen, het refrein van ons lied mag zijn en blijven dat Hij ons nooit uit zijn handen zal laten vallen. En alsof het allemaal nog niet genoeg is, zet God de tijd daarbij buitenspel: eeuwig duurt zijn trouw. En daarmee is dit lied over Gods grote daden een lied waarin wijzelf Gods handen voor altijd onder ons leven mogen weten. Een trouw die eeuwig duurt, is immers niet afgelopen als de psalmdichter zijn laatste punt op papier heeft gezet, maar een refrein dat zal blijven zingen.

Lied 885

---

## **9 januari** | donderdag

*Voor alles een tijd* Lucas 2:41-52

Mijn man en ik woonden nog thuis toen wij elkaar leerden kennen. Voor een verliefd stelletje is zoiets niet altijd even handig, maar je zoekt daarin met elkaar en de familie een weg. Ingewikkelder wordt het nadat je samen voor het eerst op vakantie bent geweest. Ineens was daar die ruimte voor samen, die werd beleefd. Eenmaal thuis kan het oude leven dan enorm benauwd aanvoelen en is de tijd erna een stevig zoeken. Ineens is daar die oude tijd die verlangt naar een nieuwe tijd. Een weg die je gaan moet op weg van je oude zelf naar een nieuw 'samen-zijn'. In onze lezing blijkt Jezus aan iets toe te zijn waar zijn ouders nog even niet zitten. Sommige dingen hebben nou eenmaal tijd nodig. Maar je voelt: alles wordt nieuw!

Lied 891

## **10 januari** | vrijdag

*Bijltjesdag* Lucas 3:1-9

De Bijbel is niet altijd een even vriendelijk boek. Er zijn misschien zelfs heel wat passages waar je liever overheen leest, omdat het allemaal vrij onaangenaam klinkt en het zich maar moeilijk laat rijmen met een Godsvoorstelling die jou veel liever is. Ook de lezing van vandaag heeft zo z'n radicale trekjes. Nu kun je daarover struikelen, maar je zou ook kunnen zeggen dat de lat hier waarschijnlijk zo hoog wordt gelegd omdat er nu eenmaal een liefde bestaat die geen genoegen kan nemen met een vruchteloze opbrengst. Echte liefde dus. Liefde die tot inkeer brengt, misschien wel om vergeving van zonden moet vragen, maar altijd echte liefde wil zijn. Een bijl aan de wortel van een boom om licht te brengen in een vruchteloos bestaan. Altijd is er blijkbaar wel iets in ons dat het verdient om te worden omgehakt.

Lied 321:1,2,7

---

## **11 januari** | zaterdag

*To-dolijst* Lucas 3:10-20

Het optreden van Johannes mag er zijn, en zijn verkondiging blijkt luid en duidelijk te zijn doorgekomen. Geen dominee die het hem na zal doen. Massaal willen de mensen gehoor geven aan zijn oproep tot bekering, en ze komen bij Johannes om aanvullende informatie te vragen over hoe ze dat dan het beste vorm kunnen geven in hun leven. En het blijkt daarbij niet uit te maken wat je achtergrond is, zelfs tollenaars schijnen er voor open te kunnen staan. Of je het anders gaat doen in je leven hangt kennelijk niet zozeer af van wie je bent, maar veel meer van wie je wilt zijn, desnoods als dat om verandering vraagt. Herodes wil ondertussen graag blijven wie hij is en voegt nog een wandaad aan zijn lijstje toe. Er valt in het leven altijd iets te kiezen. Aan ons de vraag aan welk lijstje wij met Johannes willen werken?

Lied 523

'Ik ben er echter van overtuigd dat groeien in geloof ook betekent dat je de momenten – en soms lange periodes – aanvaardt en in geduld doorleeft waarin God ver weg lijkt te zijn, verborgen blijft.'

Tomáš Halík: *Geduld met God, Twijfel als brug tussen geloven en niet-geloven*, Boekencentrum, Utrecht 2014, p. 6

---

## **12 januari** | zondag

*Zoon van...* Lucas 3:21-38

'Van wie ben jij er een?' kunnen mensen nog weleens aan elkaar vragen. Ergens hebben ze dan vaak wel een vermoeden, maar wat aanvullende informatie betreffende je komaf zal de doorslag moeten geven, want zeker weten doen ze het niet. En als die vraag geklonken heeft, dan volgt er niet zelden een heel verhaal en vooral veel namen. Zo ook bij Jezus. Want dat Hij de Zoon van God is, betekent niet dat er niet méér over Hem te vertellen is. Maar dat er meer over te vertellen is, maakt dat wij niet moeten vergeten dat ene boven al het andere te plaatsen. Deze 'zoon van' is boven alles een Zoon van God. Van wie zijn wij er eigenlijk een? Ongetwijfeld ook een heel verhaal. Maar hopelijk weten wij ons ook een kind van die Ene boven alles.

Lied 894:1,4

## **13 januari** | maandag

*Tranen wissen* Psalm 42

Al jaren schrijf ik aan dit dagboek mee, en al jaren had ik een trouwe lezer. Steevast ging één van de twee exemplaren die ik van de uitgever ontving, naar mijn schoonmoeder, maar dat zal niet meer gebeuren. Mijn schoonmoeder is dood. Dat klinkt hard en rauw, en zo voelt het ook. De psalm van vandaag zingt van droefheid en onrust. Wie kent die twee niet? Bij dag en bij nacht kunnen ze onze ziel te grazen nemen. Smachten kan een mens dan naar levend water. En wat een zegen als er op zulke momenten nog iets van hoop in onze ziel blijkt te huizen. Een verlangen naar iets van God dat het pad begaanbaar maakt en rust zal brengen bij alle verdriet en pijn. 'Vestig je hoop op God,' zo zingt de psalmist ons indringend toe.

Psalm 42:1,3

---

## **14 januari** | dinsdag

*Een goddelijke wegversperring* Spreuken 1:1-19

'Het begin van alle kennis is ontzag voor de HEER,' zo schrijft de schrijver van het bijbelboek Spreuken. Dat klinkt mooi en dat is het ook, maar daar kom je alleen een beetje verder mee als je weet wie die Heer dan is. Soms kunnen vaders en moeders daar iets over zeggen. Maar ook de schrijver van Spreuken wil er wel iets over kwijt. Wil je weten, zo lijkt hij te willen zeggen, wie de Heer is, dan zal ik jou eerst vertellen waar Hij níét mee in verband moet worden gebracht: bloedvergieten. Ga vooral niet het pad van de kwaadwilligen die onschuldigen de dood injagen. Mijd de weg die zij gaan, want hun pad loopt dood. Stel je onze wereld eens voor als slechts deze wijsheid door de mensheid werd verstaan...

Lied 1005

## **15 januari** | woensdag

*Ik zie, ik zie wat jij niet ziet* Spreuken 1:20-33

Wie zich afvraagt waar hij of zij naartoe moet om iets van Gods wijsheid op te vangen, blijkt niet ver te hoeven zoeken. Die wijsheid ligt op straat, en zij ligt daar voor het oprapen. Op straat, op de pleinen, bij de poort, overal wil zij onze metgezel zijn. Je blijkt haar echter ook op straat te kunnen laten liggen, omdat je er je handen niet aan wilt branden. Of omdat het even niet uitkomt en je niet durft uit te sluiten dat die wijsheid misschien van je vraagt een straatje om te lopen omdat God je daar toevallig net even nodig heeft. Die goddelijke wijsheid op het spoor komen, hoeft het probleem dus niet te zijn. Er is altijd wel ergens een goede richtwijzer op de kruispunten in jouw leven. Je weg erdoor laten bepalen, dat is de echte uitdaging!

Lied 846:1,2,6

---

## **16 januari** | donderdag

*Met recht en reden* Spreuken 2:1-22

Bijna geen ouder die de kramp niet zal kennen. Je hoort jezelf opvoeden en denkt: ben ik dat? Ja, je zegt de dingen met recht en reden, maar tegelijkertijd weet je dat er dingen tussen zitten die je zelf ook lastig vindt, of discutabel, in ieder geval ingewikkelder dan je doet voorkomen. Broers en zussen die eenzelfde opvoeding hebben gehad, kijken daar niet zelden heel verschillend op terug. Iets dat vaak te maken heeft met de vraag of bij alle onhandige gebrekkigheid waarmee de pedagogische raadgevingen misschien werden gebracht, iets werd vermoed van goede intenties die er mogelijk achter schuilden. Wat er achter het schrijven van Spreuken zit, wil de schrijver graag zelf even toelichten: hij schrijft ons opdat wij God leren kennen. Het lijkt me een goede intentie bij uitstek!

Lied 848

## **17 januari** | vrijdag

*Gods ruimte in de tijd* 1 Korintiërs 11:1-16

De tijden zijn veranderd en God veranderde mee. Niet iedereen zal dat overigens met me eens zijn, voor sommigen is dat zelfs vloeken in de kerk. Want is God daarmee dan niet slechts de projectie van ons menselijk denken? Zeker niet. Daar is Hij eenvoudig te veranderlijk voor. Nooit heb je Hem in je zak. Elke tijd stelt nieuwe vragen, ook aan God en zijn geboden. En dan krijgen we soms andere antwoorden. Waar God Sodom ondersteboven wilde hebben, wist Abraham Hem op andere gedachten te brengen. En dat is bepaald niet de enige keer dat we God zien veranderen. Het kan onder gelovigen over veel dingen gaan: hoedjes, staartjes, mannen, vrouwen, geaardheid en vul maar aan. Een zoektocht in de tijd waarbij we zeker niet moeten uitsluiten dat God verrassend uit de hoek kan komen. Dat is overigens wel een ruimte die je Hem moet willen gunnen.

Lied 967:1,2,3,5,7

---

## **18 januari** | zaterdag

*Door de ogen van een ander* 1 Korintiërs 11:17-34

Wat ziet een buitenstaander wanneer hij naar de kerk kijkt? En hoe ziet de kerk er eigenlijk uit door de ogen van een randkerkelijke? Waar kan de blik op vallen als je jezelf tot de kern van een kerkelijke gemeente mag rekenen? Waar je ook staat, de eerlijkheid gebiedt te zeggen dat het er vanuit al die posities tenenkrommend uit kan zien. Helaas doet een kerkgemeenschap soms meer kwaad dan goed. Ook Paulus blijkt niet bepaald gelukkig als hij naar de gemeente van Korinte kijkt. Partijvorming, egotripperij, niets blijkt de gemeenteleden in Korinte vreemd te zijn. Samenkomsten kunnen kennelijk zelfs meer kwaad dan goed doen. Dát er een kerk is, is dus nog niets. Wát die kerk is, waar zij voor staat en wat zij waarmaakt, dat is alles!

Lied 968:1,2,5

'De zorg voor de armen, de hulp voor de vreemdeling en de bijwoner en de inzet voor sociale gerechtigheid is zeker een juiste en belangrijke manier om Christus na te volgen. Maar Jezus was geen sociaal werker of een politieke reformator, en zijn "voorkeursoptie voor de armen" is slechts een aspect van iets dat voor hem nog veel karakteristieker is: de voorkeursoptie voor mensen aan de rand, en dat zeker niet alleen in economisch-sociale zin.'

Tomáš Halík: *Geduld met God, Twijfel als brug tussen geloven en niet-geloven*, Boekencentrum, Utrecht 2014, p. 21

---

## **19 januari** | zondag

*Geestkracht* 1 Korintiërs 12:1-11

In de kerk zijn we allemaal verschillend, net als in het dagelijks leven. En toch is dat niet waar Paulus het bij wil laten. Naast alles wat ons van elkaar af doet wijken, weten wij ons in de kerk als het goed is gedragen door één Geest. Is het niet goed, dan blijft zo'n gemeenschap oneerbiedig gezegd een zooitje ongeregeld. Maar mag die ene Geest wél zijn verlossende werk doen, dan staat dat garant voor verrassende dingen. Ineens gaan mensen elkaar niet langer ondermijnen maar aanvullen, wordt wat kwetsbaar is in z'n kracht gezet, en mag wat groot is kleiner worden. Niemand die de kracht nog van zichzelf verwacht. Er wordt op iets machtigers vertrouwd: de ene Geest die leven geeft.

Lied 676:1,2,5

## **20 januari** | maandag

*De kiespijn koesteren* 1 Korintiërs 12: 12-31

Er zijn altijd van die mensen van wie je hoopt dat ze erbij zijn. Gewoon omdat je dan net even een wat betere aansluiting hebt op een feestje. Of omdat ze een vergadering wat diepgang kunnen geven. Of omdat ze positieve energie met zich meebrengen, die de zaak wat lichter maakt. Ja, er zijn altijd van die mensen van wie je hoopt dat ze erbij zijn. Maar zijn er dan ook mensen die er minder toe doen? Mensen die we minder zouden missen of zelfs kunnen missen als kiespijn? Dat zou zomaar kunnen, maar dat kan wat Paulus betreft dus niet. Niemand kan worden gemist. Alle eigenheid zal zich moeten verenigen in die wonderlijke eenheid die zoekt op Christus Jezus te lijken om geloofwaardig kerk te zijn.

Lied 672:3,5,6

---

## **21 januari** | dinsdag

*Koninklijke overgave* 1 Kronieken 28:1-10

We hebben David weleens minder voordelig op de foto zien staan. Koninklijk is het hoe hij hier staat en zich richt tot zijn volk: niet ik, maar mijn zoon. En dat is afzien. Een manier van doen die ons zogezegd niet van nature in het bloed zit. Tronend in onze kinderstoel hoefden we vaak maar een kik te geven en het brood werd ons aangereikt. En ook een beker melk liet zich vaak gemakkelijk regelen. En het is lang niet altijd gelukt om dat er weer een beetje uit te krijgen. Maar David stijgt in deze lezing boven zichzelf uit. Een beloftevol visioen treft ons hier met goddelijke overgave tot gevolg: een ander mag verdergaan met God vanaf daar, waar jij met Hem gekomen was. Een ontspannende gedachte!

Lied 847

## 22 januari | woensdag

*Van overgave tot overdracht* 1 Kronieken 28:11-21

Waar wij bij de lezing van gisteren stil werden van de overgave die David daar zo sierde, treft ons vandaag het feit dat zo'n overgave niet betekent dat je daarmee zelf alles uit je handen laat vallen. Het omgekeerde is zelfs het geval. David draagt! We krijgen hier een overgave te zien die uitloopt op een bewogen overdracht. Salomo zal bouwen, maar het is David die vol zorg het bouwplan bij zijn zoon in handen legt. Mooi is dat, als het zo kan! Maar helaas ook allerminst vanzelfsprekend. En altijd is het die overgave die dan parten speelt. Niet ík, maar jij. Dat is kennelijk zo tegen het gevoel in. En dat terwijl het de enige manier is om tot een geloofwaardige tempel te komen over de generaties heen.

Lied 863:1,2,5,6

---

## 23 januari | donderdag

*Vrijwillig* 1 Kronieken 29:1-9

De boeken van de Kronieken zijn later en in een andere context geschreven dan die van de Koningen, namelijk na de ballingschap. Ze getuigen van een nieuw licht op David, op Salomo en op de tempelbouw. Hier maakt David, aan het einde van zijn leven, geen verzwakte indruk. In plaats van een rebellie rond zijn opvolging verkondigt hij dat Salomo door God verkozen is. Koning David helpt God een handje door de onervaren Salomo goed op de rails te zetten. David heeft veel voorwerk voor de tempelbouw gedaan, ook al was dat niet direct zijn taak. Hij doet het vrijwillig, omdat zijn hart uitgaat naar de tempel. Veel goud, hout en steen heeft hij verzameld als bouwstenen voor de tempel. Ook zijn persoonlijk vermogen stelt David beschikbaar. Wie van het volk volgt hem? Goed voorbeeld doet goed volgen. En met veel vreugde wordt er vrijwillig gegeven voor het huis van God. Werkt het aanstekelijk voor de actie Kerkbalans?

Lied 365

## **24 januari** | vrijdag

*Godlof* 1 Kronieken 29:10-20

Hoe vrijwillig is onze bijdrage aan het huis van God? David verwoordt het als een priester in zijn lofzang. Geprezen bent U, Heer, God van onze voorvader Israël, voor altijd en eeuwig. Van U is het koninkrijk en de kracht en de heerlijkheid, tot in eeuwigheid. U behoort alles toe. Wat wij U schenken, komt uit uw hand. Evenals onze voorouders zijn wij slechts vreemdelingen en gasten bij U, in dit land van belofte. Ons bestaan op aarde is als een schaduw. Onze vrijwilligheid en vreugde zijn oprecht, vanuit onze diepste overtuiging. David bidt dat deze gezindheid en goedgeefsheid voorgoed blijft in het hart van het volk. En dat Salomo een hart vol sjalom ontvangt. En dat hij de burcht bouwt, die David heeft voorbereid. Klinkt burcht niet te pretentieus voor de tempel? 'Een vaste burcht is onze God', laat Luther zingen.

Lied 364

---

## **25 januari** | zaterdag

*Heilsgeschiedenis* 1 Kronieken 29:21-30

Nadat heel het volk vol overgave door de knieën is gegaan, viert het uitbundig de heilige maaltijd. Salomo wordt herbevestigd in zijn ambt als koning bij de gratie Gods. En Sadok wordt tot hogepriester gezalfd. Salomo bestijgt de troon van de HEER in plaats van zijn eigen troon. Heel Israël hoort naar hem. Ook alle oversten en andere zonen van David zweren Salomo trouw. Dankzij God slaagt alles, in de verheven taal van de Kronieken. Hier sterft David in gezegende ouderdom. Maar in 1 Koningen 2 rekent hij nog even af met enkele rivalen. De geschiedenis van de koning wordt hier herschreven in een heilsgeschiedenis. Met behulp van de geschriften van de ziener Samuel, van de profeet Natan en van de schouwer Gad. Belangrijk is dat David in ere hersteld wordt als koning van het volk van God. En dat de zoon van David toekomst heeft.

Lied 366

## Gebed

In uw handen, barmhartige God, bevelen wij onszelf vandaag; laat ons, van begin tot einde, bewust zijn van uw aanwezigheid; herinner ons eraan dat wij in alle goeds wat we doen, U dienen; maak ons attent en waakzaam, zodat we in alles uw wil onderscheiden, die ook vreugdevol vervullen, tot eer en glorie van uw Naam, door Jezus Christus, onze Heer.

*Liedboek. Zingen en bidden in huis en kerk*, p. 515

---

## **26 januari** | zondag

*Wat is wijsheid* 2 Kronieken 1:1-17

Salomo's gebed om wijsheid kennen we vooral uit 1 Koningen 3. Daar versterkt hij zijn koningschap door een huwelijk met de dochter van de farao. Hier via de bijstand van God. Daar brandt Salomo nog wierook op de offerplaatsen. Hier komt hij met de hele gemeenschap samen bij de mozaïsche ontmoetingstent van God. Op het altaar van Gods uitverkoren Besaleël (Ex. 31:1) offert Salomo. God verschijnt hier rechtstreeks aan Salomo en niet in een droom. Salomo vraagt niet om een 'horend hart' om recht te kunnen spreken, maar om wijsheid en inzicht om het volk te besturen. Hier eindigt het verhaal niet met Salomo's wijze rechtspraak tussen twee vrouwen. Maar met zijn regering vanuit Jeruzalem en zijn imposante wagenpark. Rijkdom als toegift op de rijke schat van wijsheid. Laten wij, op deze zondagmorgen, wijsheid zoeken in de eredienst.

Lied 313

## **27 januari** | maandag

*Niet te bevatten* 2 Kronieken 1:18–2:9

De rijk gezegende Salomo gaat meteen aan de tempelbouw beginnen, volgens de Kronieken. Hij pakt het groots aan. Met duizenden sjouwers, houwers en opzichters. Hij huurt een bekende aannemer uit Tyrus in, koning Churam, die indertijd cederhout geleverd heeft voor het paleis van David. Salomo heeft de hele orde van dienst al klaarliggen voor het huis van God. De wijze Salomo vraagt Churam om een wijs adviseur voor alle bouwmaterialen. Die kan de vaklieden, de wijzen van David, bijstaan. Veel wijsheid bij elkaar. De cederbomen uit de Libanon moeten in Gods huis geplant worden. Het mag wat kosten in deze ruilhandel. En dan, midden in dit koopcontract, die ontwapenende geloofsbelijdenis van Salomo: Niemand kan een huis voor God bouwen. Wie ben ik? Zelfs de hoogste hemel kan Hem niet bevatten.

Psalm 92:7

---

## **28 januari** | dinsdag

*Geloofsbrieven uit Tyrus* 2 Kronieken 2:10-17

Waar komt dat geloof van koning Churam uit Tyrus vandaan? Hij spreekt vrijmoedig over Gods liefde voor Israëls volk en koning. Met een lofzang over de schepper van hemel en aarde en de gave van wijsheid, buiten de grenzen. Hoe belangeloos is zijn geloof? Churam had respect gekregen voor David, zijn 'heer'. En Salomo lijkt zich met zijn herendiensten gemakkelijk aan te passen aan zijn collega. Diens vakman, meester (Avi) Churam, was uit een gemengd huwelijk van de Joodse stam Dan en Tyrus. Maar de oude profetieën van Jesaja, Jeremia en Ezechiël tegen Tyrus waren niet bepaald vreedzaam. Echter, in het evangelie laat ook Jezus de andere kant van de profetie zien. Hij stelt het wondergeloof van Tyrus en Sidon als voorbeeld voor de Joodse steden. En Hij is onder de indruk van het volhardende geloof van de Kanaänitische vrouw uit Tyrus. Er rust ook zegen op Tyrus.

Lied 846

## **29 januari** | woensdag

*Monument* 2 Kronieken 3:1-9

De tempel, ofwel het godshuis, heeft geen plattegrond, maar een grondplan. De schrijver is geen architect maar theoloog. De bouwgrond is op de gedenkwaardige offerberg Moria, de berg van verzoeking en vertrouwen uit Genesis 22. En op de dorsvloer van Ornan, Arauna uit 2 Samuel 24. Hier bouwde David het altaar van Gods vergeving, na de schuld van de overmoedige volkstelling. Ook het momentum is gedenkwaardig: de tweede dag van de tweede maand van het vierde regeringsjaar van Salomo. Volgens 1 Koningen 6 in het 480e jaar, 12 keer 40 jaar, na de Exodus uit Egypte. De tempelbouw is voltooid in zeven jaar. Bij het goud uit Parwaïm wordt mogelijk verwezen naar de maatregelen van koning Josia tegen de afgodendienst. Bij de tempel en het allerheiligste wordt wel de breedte en de lengte, maar in de Kronieken geen hoogte genoemd. Een loofhut met zicht op de hemel?

Lied 985

---

## **30 januari** | donderdag

*Beschermengelen en zuilen* 2 Kronieken 3:10-17

Salomo is verguld met de twee cherubs. Zij overvleugelen de volle breedte van het allerheiligste deel van de tempel. Opnieuw is hier geen sprake van hun hoogte. De engelen waken over deze heilige plek. Zonder vlammende zwaarden, zoals eens bij de hof van Eden. Het voorhangsel wordt hier beschreven zonder deuren. Herinnert het aan de eerste ontmoetingstent? Volgens Matteüs zal het voorhangsel scheuren, als Jezus de geest geeft na zijn Godverlatenheid. De zuilen van Salomo worden wel benoemd met hun hoogten. In de profetie van Jeremia blijken ze hol te zijn vanbinnen, als ze door de Chaldeeën worden gekaapt bij de verovering. Ze lijken een beetje op de 'Twin Towers', maar hebben hier gedenkwaardige namen: Jachin, 'hij heeft vastgesteld', en Boaz, 'in hem is kracht'.

Lied 725

## **31 januari** | vrijdag

*Liturgisch centrum* 2 Kronieken 4:1-10

Het is niet allemaal goud wat er blinkt in het huis van God. Het vierkante en hoge altaar maakt Salomo van brons. Evenals de Zee, een gigantisch bekken voor de priesters. Het wordt omringd en gedragen door runderen. Een rund is het eerste offerdier uit de veestapel, volgens Leviticus. En het Hebreeuwse werkwoord voor rund (b-q-r) staat voor nauwkeurig onderzoeken door de priester, zich houden aan de geboden, het opdragen van offers. Salomo laat tien spoelbekkens voor de liturgische voorwerpen maken. Ook tien kandelaars en tien tafels en honderd offerschalen, allemaal volgens voorschrift. Het voorbeeld staat beschreven in Exodus 25–30. Daar dienen ze als inventaris van de tabernakel, de mobiele tent van God. Bij het voorplein van de priesters laat Salomo uiteindelijk de bronzen deuren plaatsen. Opdat het huis van God soepel open mag gaan?

Lied 726

---

## **1 februari** | zaterdag

*Bevredigend einde* 2 Kronieken 4:11–5:1

Churam van Tyrus voltooit zijn opdracht van Salomo met vooral de bekroning van de twee tempelzuilen. En zijn gelijknamige meester vult het aan met de bijbehorende liturgische inventaris. De bronzen inventaris laat Salomo gieten in mallen van klei. Dat gebeurt halverwege de Jordaanvlakte, tussen Sukkot en Seredata. Sukkot betekent loofhutten en Sereda verwijst naar de scheuring van Salomo's rijk tijdens Jerobeam (1 Kon. 11:26). De tempel lijkt al te balanceren tussen hoop en vrees, afhankelijkheid en macht. De inventaris is zo zwaar dat Salomo afziet van het wegen. De finishing touch aan het gouden interieur doet Salomo zelf, inclusief de deuren en het overbrengen van de wijgeschenken van vader David. Zo komt het werk van Salomo, de vredevorst, tot een bevredigend einde. De tempel staat als huis van de HEER/JHWH. Heel intiem.

Lied 518

## Gebed

Goed is de hand die mij leidt uit het donker van de nacht naar het licht van de dag. Goed zijt Gij, God, onzegbaar goed. Zegen deze dag en al mijn dagen dat ik onderweg ben naar U.

Erik van den Borne, *Liedboek. Zingen en bidden in huis en kerk*, p. 523

---

## **2 februari** | zondag

*Voorproef* Lucas 4:1-13

Op deze vierde zondag na Epifanie krijgen we al een voorproef op de eerste zondag van de beproeving van de Veertigdagentijd. De evangelist Lucas legt extra nadruk op de heilige Geest. Jezus is er vol van en wordt erdoor geleid naar de woestijn. De beproeving die Hem daar wacht, is blijkbaar nodig om geestelijk weerbaar te worden. Veertig dagen wordt Hij getest door de duivel, de 'diabolus', de uiteendrijver. Jezus pareert de drie verzoekingen van de economie (maak van stenen brood), van de politiek (knieval voor de duivel) en van de religie (spring van het tempeldak) met geloofwaardige teksten uit de Thora, uit Deuteronomium. Ten einde raad neemt de duivel afstand van Jezus, tot gelegener tijd. Met andere woorden: blijf altijd waakzaam. We zingen met Barnard: Een mens te zijn op aarde, dat is de Geest aanvaarden.

Lied 538

## **3 februari** | maandag

*Heden* Lucas 4:14-30

In de dynamiek van de Geest keert Jezus terug naar Galilea, naar de vertrouwde synagoge in Nazaret. Daar leest Hij uit de profetie van Jesaja 61 waartoe de Geest in staat is. Zijn intredepreek is in één zin samen te vatten: Vandaag, heden, is dit schriftwoord in jullie oren vervuld. 'Heden' staat ook in de kerstboodschap: heden is jullie redder geboren. Heden is actueler dan vandaag, radicaler, is ontwapenend, bevrijdend. We kunnen er niet meer omheen draaien. De eerste verwondering van de hoorders slaat echter om in verzet. Is Hij te direct? Een profeet is niet welkom in zijn vaderstad. Staan buitenstaanders meer open voor de bevrijdende boodschap dan ingewijden? Dat is confronterend voor het eigen volk. Ze willen Hem meteen al uit de weg ruimen. Maar Hij loopt in de kracht van de Geest midden tussen hen door. Het is de hoogste tijd, maar het is nog niet zijn tijd.

Lied 530

---

## **4 februari** | dinsdag

*Ik weet wel wie Je bent* Lucas 4:31-44

Na de confrontatie in de synagoge van Nazaret volgt die van Kafarnaüm. In Nazaret hielden ze Jezus nog voor de zoon van Jozef. Hier is Hij al de heilige van God. Althans volgens de schreeuw van een bezetene, die bang is om bevrijd te worden van zijn diepste angsten. De demonen zien scherp wie Jezus werkelijk is. Ontwapenend, hoe Jezus het kwaad in deze man bestraft en hem zo bevrijdt als een gezond mens. Dat doet Jezus ook bij de schoonmoeder van Petrus, waar hij de koorts bestraft. Een soort schokeffect, waardoor ze de rol van diaken op zich kan nemen. Nog meer demonen drijft Hij uit door hen te bestraffen, want zachte heelmeesters maken stinkende wonden! De mensen zijn onder de indruk van het gezag van Jezus. Maar als ze Hem voor zichzelf willen houden, gaat Hij naar de synagogen van Judea. Het goede nieuws moet verder.

Lied 534

## **5 februari** | woensdag

*Meester, als U het zegt* Lucas 5:1-11

Na het onderricht van Jezus in de synagoge volgt een openluchtdienst bij het Meer van Gennesaret. Het volk verdringt zich om Hem, verlangend naar een woord van God. Daarom gebruikt Jezus de boot van Simon als preekstoel. Na deze catechese vanuit het schip zoekt Jezus de diepgang. Een nieuwe vaarroute. Een roepingsverhaal voor zijn eerste leerlingen. Als beroepsvisser protesteert Simon om opnieuw uit te varen. 'De hele nacht hebben we niets gevangen. Maar als U het zegt...' En dan volgt op klaarlichte dag een wonderbare visvangst. Simon, met zijn doopnaam Petrus, gaat door de knieën. Alsof hij bezeten was, zegt hij tegen Jezus: 'Ga weg van mij.' Maar Jezus zegt: 'Wees niet bang, voortaan zul je mensen vangen.' Niet gevangennemen, maar winnen voor het leven. In dit Griekse werkwoord zit leven (Zoé) verwerkt. Daarom volgen ze Hem. Deze vissers maken van hun beroep een roeping. Ze zijn omgeschoold.

Lied 532

---

## **6 februari** | donderdag

*Heer, als U wilt* Lucas 5:12-16

Van het meer gaan we met Jezus naar de stad. En zie, een man vol lepra, onreinheid, heeft zich in de stad gewaagd. Als hij Jezus ziet, valt hij voorover en smeekt: 'Heer, als U wilt, kunt U mij genezen.' Jezus durft hem aan te raken, en terstond is de man genezen. Jezus geeft hem als pastoraal advies om de genezing te laten bevestigen door de priester. Dan kan hij weer in de gemeenschap worden opgenomen. Jezus zoekt niet het mirakel of spektakel, Hij blijft dicht bij de wet van Mozes. Hij wil geen praatjes, maar een goed verhaal. Daar word je beter van. Hij heeft ook geen zendingsdrang: praat er met niemand over. Maar des te meer zoeken mensen zijn geheim. En Hij zoekt God, in zijn gebed, tijdens zijn retraite. Zing het met de melaatsen mee op die vertrouwde Ierse melodie: Vaste rots, waaruit het leven welt.

Lied 911

## **7 februari** | vrijdag

*Wat is gemakkelijker* Lucas 5:17-26

Vandaag zitten er farizeeën en wetsleraren, overal vandaan, onder het gehoor bij Jezus. Het is geen beroepingscommissie, eerder een tribunaal. Jezus moet op zijn tellen passen. Maar de genezende kracht van de Heer is bij Hem. Die maakt creatief. Jezus ziet het geloof van de vrienden, die een verlamde op een draagbed bij Hem neerlaten. Hij biedt meteen de verlamde vergeving van zonden aan. Godslasterlijk vinden de theologen dit. Alleen God kan vergeven. Maar Jezus, de Mensenzoon, kan het ook, in Gods naam. En als teken van vergeving laat Hij de verlamde opstaan. Hij is niet langer verlamd door schuld. Hij verheerlijkt God en het volk raakt met hem in extase. 'Vandaag, heden, hebben wij iets ongelooflijks gezien!' 'Iets paradoxaals', staat er in het Grieks. De theologen lijken ziende blind.

Lied 533

---

## **8 februari** | zaterdag

*Waarom eet U met tollenaars?* Lucas 5:27-39

Jezus profileert zich hier opnieuw tegenover zijn collega's, de farizeeën en schriftgeleerden. Eerst met de roeping van Levi bij het gehate tolhuis. De roeping van deze tollenaar volgt nog sneller dan die bij de vissers. Vervolgens gaat Jezus aanliggen bij het feestmaal met nog meer tollenaars. Je moet maar durven. Lopen Levi en Jezus niet wat te hard van stapel? De farizeeën maken het niet mee en uiten indirect hun kritiek. Dan volgt Jezus' voltreffer: 'Ik ben niet gekomen om rechtvaardigen tot inkeer op te roepen, maar zondaars.' Zij op hun beurt: 'U bent alleen maar aan het eten en drinken met zondaars. Moet U niet meer gaan vasten, zoals Johannes?' Jezus: 'Mijn vriend Johannes noemde Mij toch de bruidegom? Mijn gasten hoeven nu even niet te vasten! Er is een nieuwe tijd begonnen met een nieuwe Geest. Gods nieuwe wereld. Maar jullie houden het liever bij de oude tijd. Kijk in de spiegel.'

Lied 863

## Zondagmorgen

Het licht begint te wandelen door het huis
en raakt de dingen aan. Wij eten
ons vroege brood gedoopt in zon.
Je hebt het witte kleed gespreid
en grassen in een glas gezet.
Dit is de dag waarop de arbeid rust.
De handpalm is geopend naar het licht.

Ida Gerhardt, *Liedboek. Zingen en bidden in huis en kerk*, p. 530

---

## **9 februari** | zondag

*Goed doen of kwaad op sabbat?* Lucas 6:1-11

Voor de derde keer op rij een confrontatie tussen de farizeeën en Jezus. Vandaag over de sabbatsheiliging. De leerlingen van Jezus worden door de farizeeën betrapt op aren plukken en met de handen stukwrijven. Waarom doen jullie wat niet mag op sabbat? Jezus verwijst naar David, die een grens overschreed met zijn toonbroden. Nood breekt wet? Of met de versie van Marcus: de sabbat is er voor de mens en niet de mens voor de sabbat. En de Mensenzoon is meer nog dan David heer over de sabbat. Op de volgende sabbat gaat Jezus nog een stap verder in zijn onderricht in de synagoge. De farizeeën wijzen met de vinger naar de man met de misvormde hand, die Jezus naar voren haalt. Hij vraagt uitdagend: Mag je goed doen of kwaad op sabbat? Hij geneest de man ter plekke. Jezus gaat bevrijdend om met de sabbat. De farizeeën verlammend. Ze raken buiten zinnen.

Lied 756:5

## **10 februari** | maandag

*Indrukwekkende startdienst* 2 Kronieken 5:2-14

Nadat de tempel in vrede voltooid is, is het tijd voor de startdienst in Jeruzalem. Salomo heeft de oudsten en andere ambtsdragers genodigd in de zevende maand. De Levieten dragen de ark en de priesters de gewijde voorwerpen. Salomo en de hele samenkomst offeren vol overgave. De inzameling der gaven is niet te tellen. De ark wordt op de heilige plek gezet onder de vleugels van de cherubs. Er is niets in de ark, hoe onthullend, behalve de twee platen van het verbond, de Tien Woorden. De uittocht van de geheiligde priesters begint. Het Levietenkoor staat bij het altaar klaar in ambtsgewaad met instrument, evenals de kopergroep van 120 priesters. Dan volgt de lofzang van Psalm 136. En wordt het huis van de Eeuwige vervuld met een mysterieuze wolk. Het is zo indrukwekkend, dat de priesters niet kunnen blijven staan.

Lied 405

---

## **11 februari** | dinsdag

*Intredepreek* 2 Kronieken 6:1-11

Salomo begint zijn intredepreek met een statement. De Eeuwige heeft gezegd te willen wonen in een donkere wolk. De wolk als een soort ambtsgewaad. Zoals Hij zich eerder liet kennen bij de overgave van de tien geboden en bij de doortocht door de zee. Welnu, preekt Salomo, ik heb een duurzame woning voor U gebouwd. Welnu? Dat behoeft enige uitleg. Maar eerst de zegen voor de gemeente, die gaat staan. En dan volgt de zegen voor de Eeuwige, die zijn belofte is nagekomen. Maar Salomo's uitleg van die belofte lijkt tegenstrijdig. Want het koningschap en de tempelbouw waren niet Gods eerste keus. Hooguit gedoogconstructies. Als een soort toegift mocht Salomo in plaats van David uiteindelijk een huis voor God bouwen. Maar met de nodige randvoorwaarden! Salomo is dan toch nog Gods uitverkorene?

Lied 429a

## **12 februari** | woensdag

*Gebedshouding* 2 Kronieken 6:12-21

Salomo gaat voor het altaar staan met geheven handen tegenover de gemeente. Het koperen wasbekken van anderhalve meter hoog, bedoeld voor de reiniging van de priesters, gebruikt Salomo hier als voetbank. Ofwel als knielbank in de gebedshouding. Opnieuw pleit Salomo op Gods trouw aan het verbond, de belofte aan David en voor een duurzaam koningschap bij de gratie Gods. Alsof hij het maar niet kan geloven. Wil God, die de hemel niet kan bevatten, werkelijk in dit huis zijn naam laten wonen? Mogen uw ogen dan geopend zijn over dit huis en verhoor de gebeden van uw dienaar en uw volk. Want Gods trouw is niet vrijblijvend. Het vraagt toewijding, beseft Salomo: zolang wij tenminste op het rechte pad blijven.

Lied 885

---

## **13 februari** | donderdag

*Gebedsverhoring* 2 Kronieken 6:22-31

Salomo's gebed om vergeving krijgt diepgang. Hij weet van de kwetsbaarheid van het menselijk bestaan. Hij beseft dat God weet wat er in de mensen omgaat. Salomo weet ook wel dat God niet vast te pinnen is op deze plek en dat gebedsverhoring geen automatisme is. Hij bidt om gerechtigheid voor Gods dienaren, als die tot inkeer komen bij een vervloeking. Hij bidt dat het volk terug mag keren tot het land van belofte, als het verslagen is door de vijand en tot inkeer komt. Hij bidt om regen en de juiste levensweg in dit land, als de hemel gesloten blijft vanwege de zonde van het volk. Bij hongersnood of welke ramp of ziekte ook, bij welk gebed van welk mens ook, geef ons wat ons toekomt, geef aan ieder naar al zijn wegen. Het refrein is: Luister vanuit uw hemel en vergeef en geef, als (iemand van) uw volk tot inkeer komt. Opdat zij naar U blijven luisteren.

Lied 870

## **14 februari** | vrijdag

*Gebedsrichting* 2 Kronieken 6:32-42

Ook in dit slotgebed van Salomo klinkt het refrein om gebedsverhoring: Luister dan vanuit de hemel. Nu valt het accent op de richting van het gebed. Als de vreemdeling naar dit land van belofte komt, en een gebed richt naar deze tempel, luister dan vanuit de hemel. Als het strijdende volk tot U bidt in de richting van uw stad en mijn tempel... Als uw volk in ballingschap tot inkeer komt en bidt in de richting van het land van belofte, de stad, de tempel, verschaf hun recht en vergeef hun. Salomo vraagt ten slotte om Gods aandacht voor deze plaats, 'mokum'. Om op te staan naar deze rustplaats bij de ark, de priesters en de vrome 'chassidim'. Om Gods gezalfde niet af te wijzen. Dit godshuis is cruciaal voor de ontmoeting met de Eeuwige, voor de heilige rust. Maar Hij is er niet in vast te pinnen. Hij blijft luisteren vanuit de hemel.

Lied 897

---

## **15 februari** | zaterdag

*Wie of wat is het offerdier?* 2 Kronieken 7:1-10

De tempel van Salomo is klaar. De koning heeft gebeden en het offer moet worden gebracht. We lezen daar gemakkelijk overheen. Het offer is een van de moeilijkst te begrijpen onderdelen van de liturgie. Alles wat je ervan zegt, schiet tekort. Maar hoe dan ook: in een offer biedt de gelovige zich aan aan God. Laat ik een voorbeeld gebruiken: Je geeft iemand een cadeautje en de ander weigert dat, wijst dat af. Dan wordt niet jouw cadeautje geweigerd, maar jijzelf. Daarom zie je ook vaak het gebruik dat de priester de handen op de kop van het offerdier legt. Hij identificeert zich met het dier. Het offerdier, dat is hij.

Psalm 84:1

Ga niet alleen door 't leven
want al van meet af aan
staat er voor jou geschreven
om met je God te gaan.
Geen toekomst uit te leggen,
geen mens weet ook waarheen,
maar wat wij mogen zeggen:
ga niet alleen. (2x)

Ga niet alleen door 't leven
juist nu je samen bent.
De toekomst, je gegeven,
is bij je God bekend.
Ga samen met Hem verder,
Hij gaat al voor je heen,
als jullie goede herder,
ga niet alleen. (2x)

Piet van Midden

---

## **16 februari** | zondag

*Zonder offer geen godsdienst* 2 Kronieken 7:11-22

Wat we gisteren bespraken, is van groot belang: het offer betekent contact met God. Zonder offer geen godsdienst. En in de tijd van de ballingschap dan, toen er geen tempel was? Dat was inderdaad een dieptepunt. Maar men ging het gebed zien als een offer. Dat doen we in de kerk ook. Het mooie van ons verhaal in Kronieken is dat God zich meteen meldt. Met een garantie: het kan zomaar fout gaan tussen God en zijn volk, maar er is altijd een nieuwe weg naar God. God houdt zijn ogen en oren open in de tempel en hoort alle gebeden. En Hij kijkt zijn ogen uit. Zijn ogen en zijn hart zullen er zijn.

Psalm 43:4

## **17 februari** | maandag

*Van je familie moet je het niet hebben* 2 Kronieken 8:1-11

Koning Salomo staat niet bekend als een groot militair, zoals zijn vader David. Salomo heeft nooit langdurig echte vijanden gehad. Toch bouwt hij voorraadsteden, vestingsteden en paardenstallen. Macht is zomaar van korte duur. Maar de door David onderworpen volken worden niet vernietigd. Ze maken zich nuttig in herendiensten. Dat is uiteraard geen vorm van vakantie, maar het geeft wel aan dat Salomo niet uit is op slavernij. En ze doen dienst in de veiligheidsdiensten. Is dat niet riskant? Nee, juist niet. Het grootste gevaar voor Salomo waren zijn eigen familie en vriendenkring. Koning Davids veiligheidsdienst heette 'Keretieten (Kreta?) en Peletieten (Filistijnen?)'. Er is niets nieuws onder de zon.

Psalm 133

---

## **18 februari** | dinsdag

*Een offer wordt een gebed* 2 Kronieken 8:12-18

Als je geen heiligdom hebt, hoef je ook geen liturgie te hebben. De bouw van de tempel bracht een hele organisatie op gang: hoe de feesten in goede orde gevierd moesten worden – Pesach, Pinksteren en Loofhutten; de volle maan, de verschillende sabbatten – en de bijbehorende orden. Als je in de synagoge een dienst meemaakt, begrijp je er de eerste keer niet veel van. Maar alles heeft zijn zin. In Salomo's tempel herinnert alles je aan het offer en het gebed. Je schrijft het bij wijze van spreken in je agenda: we nemen tijd voor God. En het altaar brandt dag en nacht. Een gedoofd altaar is in Israël een gedoofd geloof.

Psalm 72:2

## **19 februari** | woensdag

*Tandeloze leeuw* 2 Kronieken 9:1-12

Het bezoek van de koningin van Seba aan Salomo is beroemd geworden. Ze kijkt haar ogen uit in het paleis. Waar wij de term 'poenerig' zouden gebruiken, heeft de bijbelschrijver vooral veel waardering. Toch is het misgegaan. Het noorden van Israël heeft zich afgescheiden van het zuiden, van Juda, omdat men de belasting niet meer kon opbrengen. Zoiets is nóg een keer gebeurd, in andere omstandigheden. Volgens de joodse traditie heeft Salomo een zwangere koningin van Seba uitgezwaaid, en daarom noemde de Ethiopische keizer Haile Selassie zichzelf 'Erfzoon uit het zaad van Salomo, de Alles Overwinnende Leeuw van de stam van Juda'. Na een staatsgreep moest Haile Selassie plaatsmaken voor een nieuw regime. Net als Salomo.

Psalm 72:3

---

## **20 februari** | donderdag

*Sjalom met Salomo?* 2 Kronieken 9:13-31

Als je 2 Kronieken 9 leest, is er te veel goud dat er blinkt. De bijbelschrijver krijgt er niet genoeg van om uit te meten hoe rijk deze koning is. Niemand kan hem overtreffen. Maar ook Salomo kan bij zijn dood niets meenemen. Wat hij wél achterlaat, is vijandschap. Salomo heeft weinig vrienden gemaakt. Zijn naam Salomo betekende niet zomaar 'sjalom', vrede. De naam Jerobeam valt in vers 29. Dat is de man die de bevolking rijp maakt voor een opstand. Hij moet vluchten naar Egypte en wacht daar zijn kans af. Salomo was koning over héél Israël. Jerobeam neemt het noordelijke Israël met zich mee, en vanaf Jerobeam zijn er twee landen: Israël en Juda.

Psalm 72a:1,2

## **21 februari** | vrijdag

*Stage lopen in Gods koninkrijk* Lucas 6:12-26

Hoe is Jezus aan zijn leerlingen gekomen? Daarover gaan verschillende verhalen. Het bekendst is de roeping aan het Meer van Galilea. De eerste leerlingen waren vissers. Een andere vroege leerling was een belastinginspecteur, Matteüs. Maar Lucas vertelt een ander verhaal. Jezus blijkt veel meer leerlingen te hebben gehad dan twaalf. Hij heeft het voor het uitkiezen en dat doet Hij dan ook. Maar het belangrijkste is, dat Jezus die uitgekozen leerlingen apostelen noemt. Er zijn veel leerlingen, maar slechts twaalf apostelen. Apostel betekent gezondene. Ze worden gezonden om wat? Om zich te ontfermen over een hele schare van mensen met een kapot leven. Les krijgen is één, stage lopen in Gods koninkrijk is twee.

Lied 531

---

## **22 februari** | zaterdag

*Liefde als 'mikwe', als gebod* Lucas 6:27-38

'De wet van de liefde' wordt dit bijbelgedeelte wel genoemd. Dat lijkt een beetje vreemd. Verdraagt de liefde dat je er een bevel van maakt: 'Heb lief!'? Liefde moet toch uit je hart komen? Jazeker. Alleen is er een verhaal bij te vertellen. Het gaat niet over erotische liefde of om een vorm van intimiteit. In de Joodse wet komt iets anders aan de orde: een *mikwe*. Dat is een liefdedaad. Iets dat je als vanzelfsprekend doet. Je hoeft er niet eens over na te denken. Dat maakt het soms moeilijk: kan iedereen een beroep op jou doen? De basistekst is vers 31: 'Behandel anderen zoals je wilt dat ze jullie behandelen.'

Lied 320

## Gebed

Grote God, wij danken U:
groten, kleinen, ze geloofden,
eeuwen door, tot hier en nu,
staan wij in het licht van boven.
Uw gemeente is gebouwd
op wat ons is toevertrouwd.

Grote God, wij bidden U,
U, de schepper van het zijnde,
draag ons in uw goedheid nu,
anders loopt dit spoor ten einde.
Geef een woord om te verstaan,
laat uw liefde verdergaan.

Piet van Midden

---

## **23 februari** | zondag

*Niet om vrolijk van te worden* Psalm 83

Psalm 83 is niet direct een lied om vrolijk van te worden. Zoals zo vaak gaat het over vijanden die Israël op de nek zitten. Wat toen gezegd werd, wordt nog gezegd, geschreeuwd: 'Laten we hen uitroeien, zodat ze geen volk meer zijn.' Alles heeft te maken met wat er in het verleden is gebeurd. De verschrikkelijkste volken zoals Amalek hebben elkaar gevonden in hun haat tegen Israël. De Judeeërs zijn afgevoerd. En nu? Ze zijn gaan zingen. Psalmen. Ze zongen hun verdriet eruit. Zingen biedt troost. Zingen is je hart leegmaken en vullen met God. En in die liederen vonden zij zichzelf opnieuw. Zing, ook tegen de klippen op.

Psalm 56:3

## **24 februari** | maandag

*Duizend-en-een nachten* Ester 1:1-12

Het boek Ester biedt een prachtig verhaal. Over niemand minder dan koning Ahasveros, die het breed heeft en ook breed laat hangen. Als we hem volgen in het boekje Ester, vinden we hem met een glas wijn in zijn hand of doende met vrouwen. Duizend-en-een nachten dus. We vallen in het eerste hoofdstuk al met onze neus in de boter: Ahasveros heeft een feest georganiseerd en de aankleding van zijn paleis mag er zijn. Koninklijke wijn in gouden bekers. Maar het is Ahasveros niet genoeg: zijn vrouw Wasti moet komen en als buikdanseres haar kunsten vertonen. Maar Wasti heeft geen zin zich voor dronken kerels uit te kleden en weigert... Wat nu?

Lied 788:1

---

## **25 februari** | dinsdag

*Koninklijke afgang* Ester 1:13-22

Een koning die voor gek staat maak je ook niet elke dag mee. Ahasveros weet niet wat hij moet doen, want van regeringszaken heeft hij geen verstand. Alleen van wijn en vrouwen. Zijn adviseurs nemen het heft in handen: als deze afgang bekend wordt buiten het paleis, dan is het eind zoek; dan zeggen straks alle vrouwen hun mannen de wacht aan en hebben die mannen niets meer te vertellen. Het gat moet dus zo snel mogelijk gedicht. Hoe? Door een spel 'koning zoekt koningin'. Er worden mooie meisjes bij elkaar gebracht, en de koning zoekt onder hen zijn bruid. De koning zal er populair door worden. Wasti moet zo gauw mogelijk vergeten worden.

Lied 788:3

## **26 februari** | woensdag

*Missverkiezing* Ester 2:1-14

Er gaan boden door het land om de mooiste meisjes te zoeken. Kandidaten genoeg. Maar niet in het huis van Mordechai. Mordechai zorgt voor zijn nichtje, een werkelijk prachtig meisje, dat verstopt gaat achter de naam Ester. Verstopt: u leest het goed. Want Ester is helemaal geen Joodse naam. Haar eigen naam is 'Hadassa', 'Mirte' betekent dat. Maar dat weet niemand en dat mag ook niemand weten. Zoals ook Mordechai geen Joodse naam is. Dat is de naam van een heidense god. Maar het pakt allemaal verkeerd uit. Ester wordt opgepakt en in een koninklijk vrouwenhuis opgesloten. Ze kan geen kant meer op, behalve dan wachten tot ze klaargestoomd is voor een 'nachtje Ahasveros'. Wat nu?

Psalm 126a

---

## **27 februari** | donderdag

*Je mag niet zijn wie je bent* Ester 2:15-23

De lezer heeft het allang geraden: Ester valt in de prijzen, ze is de mooiste in het land. Ondanks het feit dat ze niets moet hebben van de schoonheidsbehandelingen die het hof haar aanraadt. Daar ligt de pijn in het boek: Ester is Joods in het geheim en weigert behandelingen en voedsel die tegen de Thora in gaan. En dat valt op. Dat kan ze ook niet volhouden, zullen we nog zien. Maar intussen is de koning weer verliefd, op Ester natuurlijk. Wasti is allang vergeten, Ester krijgt de koninklijke kroon op haar hoofd en het hele rijk geniet daarvan mee door vrijstelling van belasting, die de koning afkondigt. Daar profiteert de Joodse gemeenschap in Susa ook van.

Psalm 79:3

## **28 februari** | vrijdag

*Haman, zeg maar niks meer* Ester 3:1-11

Het verhaal zou niet zo spannend worden als de koning niet een onvoorstelbaar domme fout had gemaakt: hij gaf een van zijn dienaren de allerhoogste functie: die van satraap, zoiets als rijkskanselier. Haman heette hij. In elk geval zo hoog dat hij het wel gepast vond dat mensen voor hem zouden knielen als hij passeerde. Dat werd dan ook slaafs gedaan. Alleen Mordechai boog of knielde niet. Hij was een Jood, en Joden knielen nu eenmaal niet voor mensen, ook niet als die mensen vinden dat ze goddelijk zijn. Haman beklaagt zich bij Ahasveros: 'Er is een volk dat zich niets aantrekt van koninklijke wetten. Dat volk moet worden uitgeroeid.' De vernietigingsplannen liggen al klaar.

Psalm 79:4

---

## **1 maart** | zaterdag

*Dobbelen met de dood* Ester 3:12–15

Haman, we hebben hem nooit gekend, maar we kennen hem wel degelijk, de hele geschiedenis door. Zijn plannen zijn een moordfabriek: hij organiseert een vernietigingssysteem met een vaste capaciteit per dag. Die dag moet worden vastgesteld en wel in de maand adar, de dertiende dag. Iedereen mag eraan meedoen, Joden doden en hun bezit roven. Er wordt niet moeilijk gedaan: vrouwen en kinderen worden ook verdelgd. Verdelgen, doden, uitroeien is de leuze. Het lot had de datum bepaald. Lot in het Perzisch is poer. Daarmee dobbel je om een datum. En daarom heten deze dagen Poeriem, 'loten'. Het zou een rouwdag zijn, maar het is nu een feestdag, waarbij Haman constant voor gek wordt gezet.

Psalm 97:3

Het licht, dat onze nacht ontbindt:
de kaars, die brandt voor een moment,
verwalmt en zal straks doven.
Waar is het vuur van wie bemint?
Waar 't wonder dat God in ons vindt?
Wie durft er nog geloven?

Het licht, dat onze nacht omringt:
een vonk, niet meer, maar als die springt,
is 't vuur niet meer te doven.
Waar God opnieuw in ons begint,
wordt omgang als die met een vrind,
Hij wil in ons geloven.

Piet van Midden

---

## **2 maart** | zondag

*Sprinkhanen voor straf* Joël 1:1-14

Sprinkhanen... zo groot zijn ze niet, maar ze komen met wolken van miljoenen tegelijk. Je bent kansloos tegen sprinkhanen. De achtste plaag in Egypte bestaat uit sprinkhanen. Die plagen worden steeds feller: na de sprinkhanen vinden we nog slechts duisternis en dood. Als een wolk is neergestreken, hoor je overal om je heen het vernietigende geluid van miljoenen kaken die alles wat eetbaar is kapotmaken. Israël en Juda zijn afhankelijk van de landbouw. Men kan volgens Joël de plaag alleen maar als een oordeel opvatten. De oogst in de herfst is zinloos: alles is al door de sprinkhanen geoogst. De vrolijkheid is verdord, lezen we in vers 12. Je staat met lege handen.

Psalm 105:11

## **3 maart** | maandag

*De dag van de* HEER Joël 1:15–2:2a

'De dag van de HEER komt.' De sprinkhanen laten van zich horen, maar hun boodschap is 'de dag van de HEER'. Daar word je niet direct vrolijk van. In de kerk is de dag van de HEER algauw de zondag, maar in de Bijbel is dat bepaald niet zo. Daar is het de dag van het oordeel. De dag van het oordeel is niet zo populair in gelovig Nederland. Algauw wordt gezegd dat in Christus alles is verzoend. Maar de dag van de HEER is Gods respect voor ons. Er is heel veel verkeerd gegaan, en dat moet eerst worden 'uitgepraat'. Eigenlijk als je wat dieper nadenkt een mooie dag!

Psalm 106:22

---

## **4 maart** | dinsdag

*Paniek* Joël 2:2b-11

In het boek Joël wordt geen koning genoemd. Daarom denken veel bijbelgeleerden dat het boekje Joël stamt uit de tijd van de Babylonische ballingschap of er kort na. Dat is wel van belang. Joël beschrijft beeldend de paniek die ontstaat als een vijandig leger de stad binnendringt, hoe vreemde soldaten de huizen in klimmen. Zelfs de zon, maan en sterren worden er beroerd van. Die vreselijke tijd van toen is bij Joël geen toeval, maar eigen schuld, dikke bult. En het binnendringende leger staat onder leiding van de HEER. Want het is zíjn dag! Daarmee is gelukkig nog niet alles gezegd. Als er één profeet perspectief en bemoediging biedt, is het Joël wel!

Psalm 121

## **5 maart** | woensdag

ASWOENSDAG

*Verstoorde bruidsnacht* Joël 2:12-17

Een profeet is niet iemand die namens God meedeelt wat er gaat gebeuren, maar iemand die het woord van God spreekt over heden, verleden en toekomst. Dat betekent ook dat hij/zij oproept tot bekering, tot een ander leven. 'Scheur je hart en niet je kleren', lezen we bij Joël. Er wordt een oproep gedaan aan iedereen om mee te doen in een nieuwe samenleving. Zelfs de bruid en de bruidegom komen ervoor uit hun vertrekken. Want wat uiteindelijk telt, is niet alleen dat God barmhartig is, maar ook dat Hij warmhartig is. Hij wil zijn volk niet laten afgaan in de geschiedenis. Hij heeft het lief. Dat is een passende gedachte op Aswoensdag.

Lied 1008

---

## **6 maart** | donderdag

*Waar is God?* Ester 4:1-17

De plannen van Haman brengen overal in de Joodse wereld aangrijpend gejammer op gang. Mordechai organiseert een vasten van drie dagen, waar Ahasveros vooral doorgaat met feestvieren. De koning heeft geen idee wat er aan de hand is. Hij heeft de vernietiging uitbesteed aan Haman. Maar Mordechai doet een beroep op Ester. Daarmee zijn we bij de kern van het boek: waarom zijn Ester en Mordechai eigenlijk in Susa? Omdat ze verbannen zijn uit Jeruzalem. Maar kan het ook méér zijn? Ester redt haar broeders en zusters omdat God met een kromme stok een rechte slag geeft. God wordt niet genoemd in het boekje, maar via Mordechai en Ester doet Hij mee.

Psalm 87

## **7 maart** | vrijdag

*Het móét lukken* Ester 5:1-14

Het verhaal komt tot een hoogtepunt: Ester probeert de belangstelling van de koning voor haar te wekken. De koning is immers gevoelig voor vrouwelijk schoon, en het lijkt erop dat Ester zich uitdagend heeft gekleed. De koning wordt meteen hoteldebotel van Ester als hij haar ziet en daarmee kwetsbaar. Met een flinke slok op vraagt hij Ester wat ze wenst. Je denkt als lezer: Haman moet dood. Maar dat is te snel: ze houdt de spanning erin, ook al omdat ze maar één kans krijgt. Mislukken betekent de dood van velen. Daarom nodigt ze opnieuw de koning en Haman uit voor een feestmaal. Het is een kwestie van timing: er moet geen storing op de lijn komen.

Lied 841:1

---

## **8 maart** | zaterdag

*Feestje voor Mordechai* Ester 6:1-14

Hoe zou het met Mordechai zijn? Hij is al een poosje niet in beeld, maar dat zal spoedig veranderen. We gaan weer terug naar het begin: daar werd verteld dat twee hovelingen een aanslag op de koning voorbereidden en dat Mordechai dat had gehoord en via Ester aan de koning had doorgespeeld. De twee onverlaten waren terechtgesteld. Waarvan akte. Alleen was Mordechai nooit bedankt voor bewezen diensten, en dat gaat nu gebeuren. Er moet een feestje voor Mordechai komen, en Haman mag het bedenken. Wat is het mooiste geschenk? Roem, eer, macht. Het duizelt Haman. Dit is helemaal zijn dag, alleen weet hij niet dat hij het niet alleen bedenken moet, maar ook uitvoeren.

Lied 845

Het sneeuwt. Het is bevroren water,
het is verloren tijd, het is
andersomtaal, een zwijgzaam praten,
licht vallend uit de duisternis.

Het sneeuwt, het heeft met dood te maken
en met de klokken van voorbij,
er ligt vergeving op de daken
er is een toekomst buiten mij.

Guillaume van der Graft

---

## **9 maart** | zondag

*Proeven* Psalm 81

Bij de tandarts of de dokter moet de mond wijd open. We hebben er vaak een hekel aan. Toch is het voor ons bestwil. Het zal je goeddoen, ook al doet het pijn of wordt er geconstateerd dat er iets niet in orde is. Het wordt beter. In deze psalm vraagt God je mond open te doen. Hij wil je geen pijn doen en stelt geen diagnose. Hij vraagt je om te proeven en te genieten van wat Hij geeft. Zijn smaak is uniek, moet je weten. Deze is anders dan van welke god ook.
Het smaakt beter dan geld, goed, macht, prestatie of misbruik. Hij laat je proeven van zijn woorden die goed zijn en goeddoen. Ze smaken naar vergeving, leven en ruimte. Laat ze maar omgaan in je mond en in je hart. Ze redden je in alle nood.

Psalm 81:9

## **10 maart** | maandag

*Diep vallen* Ester 7:1–8:2

Een mens kan diep vallen.
In de krant kunnen we ervan schrikken maar ook van smullen. We kijken tegen geslaagde mensen op. Ze lijken onaantastbaar totdat ze van hun voetstuk vallen. Ze raken uit de gratie. Wat het ook mag zijn geweest. Het wordt ze jaren nagedragen. Terecht, en soms blijkt later niet terecht. Haman was ook zo'n man waar menig buitenstaander tegenop zag. Van hem wist zelfs de koning niet wat er precies onder zijn handen afspeelde. Wat bleek: onrecht en antisemitisme! Er is moed voor nodig om dat te ontmaskeren. Dat heeft met recht en rechtvaardigheid te maken.
Ester leerde dat niet van een vreemde. Mordechai leerde Ester leven met de Eeuwige. Wie met Hem leeft, kan niet anders. Onrecht wordt door Hem aan het licht gebracht. Leven wij met diezelfde Eeuwige? Hij leert ons recht te doen.

Psalm 146:5

---

## **11 maart** | dinsdag

*Recht doen aan* Ester 8:3-17

Wat is er een ellende in de wereld. Er is geen beginnen aan. Hoe kunnen we wat krom is ooit recht krijgen? We roepen, leggen berustend de handen in de schoot en leven verder. Ester en Mordechai leren ons anders. Zij klagen niet of huilen. Het zou hun niets opgeleverd hebben. De wet om de Joden uit te roeien kon niet herroepen worden. Toch probeerden zij met de koning creatief een oplossing te bedenken om de onderdrukten, hun volk, recht te doen. Het werd een nieuwe wet die de Joden het recht gaf zich te verdedigen. Dat betekent dat zij gezien werden. Ze kregen een andere plek, een ander aanzien onder de volken in het land. Ze werden op hun voeten gezet als Mordechai. Ze konden recht staan voor hun medemens en God, net als Ester.
Dat wil toch ieder mens. Mens worden.

Lied 1008:1

## **12 maart** | woensdag BIDDAG

*Strijd* Ester 9:1-15

Wat een geweld!

We zeggen het als er beelden rondgaan via de media. Honderden onschuldige doden worden zichtbaar. De taal die gesproken wordt, vertelt over oorlog en koude harten. Is er dan niemand die dit kan voorkomen? Ester heeft geprobeerd om op geweldloze wijze de dreigende pogrom te voorkomen. Dit mislukte. Alleen gewapend optreden kon nog uitkomst bieden. Er is sprake van zelfverdediging. Het is een militaire actie tegen de agressors. We begrijpen het met het oog op de onderdrukten. Maar moet dat met zoveel geweld en dood gepaard gaan? 'Als het om uw volk gaat, God, moet het dan ook zo gaan?'

We wenden onze blik af en verstillen. We weten het niet. Misschien is dat de reden dat we onze handen vouwen en bidden: 'God, als dit uw weg is ... maar breng de vrede van uw Zoon, opnieuw.'

Lied 1008:2,3

---

## **13 maart** | donderdag

*Niets aanraken* Ester 9:16-26a

Het is precies dat wat we tegen kleine kinderen zeggen. Hun handjes willen alles aanraken, vastpakken of meenemen. Het vraagt van (groot) ouders discipline om consequent te zijn en niet toe te geven. Zou het de Joden en niet-Joden die gezamenlijk streden tegen de agressor ook zoveel moeite hebben gekost? Het wordt herhaald in de tekst: 'hun bezittingen raakten ze met geen vinger aan'. Bij de inname van Jericho mocht men geen goud en zilver meenemen. Niet iedereen lukte dat.

Was nu de pijn en de afkeer zo groot dat men er niet aan moest denken iets van de Jodenhater in huis te hebben? De lange, wijzende vingers en de scheldwoorden hadden hen te vaak bezoedeld. Dat nooit meer!

Na de strijd was er de vreugde en het zich bevrijd weten door (opnieuw) de God van Israël. Dát, nee, Híj mag hen aanraken.

Lied 695:2

## **14 maart** | vrijdag

*Verplicht feest* Ester 9:26b–10:3

Feestjes zijn leuk behalve als ze verplicht zijn. Verplicht roept weerzin op. Toch wordt het poeriemfeest een verplicht feest. Dat betekent ieder jaar weer gedenken én vieren. Eeuwenlang.

Het is hét feest waarin de omslag van dreiging naar rust erkend wordt. Het feest dat vertelt dat droefheid kan veranderen in vreugde. Dat rouw verandert in feest. Er worden geschenken gestuurd aan de armen. Er wordt samen gegeten en van lekkers genoten. Het duurt twee dagen lang. Zo diep ís de vreugde. Zo groot ervaart men de rijkdom van vrijheid en leven. Dat moet gevierd. Dat kan niet anders. Verplicht feesten om niet te vergeten. Dat is iets wat ieder mens nodig heeft. De wereld kent zoveel dreiging, rouw en verdriet. Dat feest van vreugde komt. Niet verplicht, maar beloofd. Ook God neemt zijn zakdoek mee.

Lied 737:2,3

---

## **15 maart** | zaterdag

*Gewaarschuwd* 1 Koningen 13:1-13

Hoe vaak moet je gewaarschuwd worden voordat je luistert? Sommigen luisteren direct, maar veel mensen hebben wel een paar waarschuwingen nodig. Het kan nog wel. Zo erg is het toch niet. Of het hangt ervan af wie je waarschuwt. De dokter heeft misschien gezag, maar verder?

Bij koning Jerobeam is de schrik groot wanneer naast de waarschuwing van boven zijn arm verstijft. Als de woorden niet genoeg zijn, voelt zijn lichaam de ernst van God. Toch verandert hij niet. God heeft geen gezag voor hem. God waarschuwt nog. Zijn woorden in de Bijbel spreken vandaag. Er zijn situaties of mensen die ons iets zeggen willen. Als Jerobeam houden we onze oren en ogen stijf dicht. We zijn onze eigen koning. We bepalen ons eigen leven en bouwen dat boven op anderen. Maar wie bouwt zijn leven op Hem? Hoeveel waarschuwingen heb je van boven nog nodig?

Psalm 139:14

Ik wist niet meer
dat jij aan mij zou denken,
ik kwam je tegen
in de straten van de nacht,
niet tegen, nee,
je kwam me achterop,
ik heb je niet geweten,
terwijl je steeds
ten naaste bij
mij was.

Jaap Zijlstra

---

## **16 maart** | zondag

*Echo* Lucas 9:1-9

Waar heb ik dat eerder gehoord? Je piekert om erachter te komen. Heb je het eerder gelezen of heb je degene al eens gesproken? Het kan niet, maar toch roept het herkenning op. Zoiets moet het geval zijn geweest bij Herodes. Hij hoorde over rondtrekkende leerlingen, die goed nieuws vertellen en zieken genezen in alle eenvoud. Het klinkt als Johannes de Doper. Dat kan niet, want die heeft hij om stomdronken redenen laten onthoofden! Hij had hem graag gemogen. Eindelijk een mens die hem de waarheid durfde zeggen en meer. Johannes vertelde over leven zoals God het bedoelt.
Een blij gerucht, of is het een echo van een dode? Misschien hebben wij net als Herodes het goede nieuws ver weg verstopt totdat we iets horen dat ons herinneren doet. Niet aan Johannes maar aan Hem, het goede nieuws zelf. Bang, of ga je zoeken?

Lied 534

## **17 maart** | maandag

Genoeg Lucas 9:10-17

Het gaat vandaag niet om méér maar om genoeg. Wie kan zeggen dat hij genoeg heeft? In de geschiedenis van Lucas gaat het om mensen die met wat brood en vis komen. Het is het gewone alledaagse voedsel van die dagen. Door het geloof van die Ene wordt het voedsel doorgegeven. Er is genoeg voor iedereen. Mensen ontvangen daar wat zij nodig hebben om te kunnen leven. Het verzadigt. Iedereen heeft te eten. Dat is genoeg, toch? Of snakken we toch naar meer?

Gelovig zijn is meer dan leven van brood alleen. Het is leven van wat God geeft en opgeeft. Het doen van zijn gerechtigheid. Na alle onrecht verzadigt dat de wereld. Het stilt de honger naar macht. Gerechtigheid heeft een gezicht. Het is een mens. Die Ene, die het brood deelt en zijn lichaam geeft voor een wereld. Niets minder.

Psalm 145:5

---

## **18 maart** | dinsdag

*Niet zelfredzaam* Lucas 9:18-27

We redden onszelf. Dat is wat we willen. Zo lang mogelijk zelfstandig blijven. We hebben niemand nodig. De woorden uit het Lucasevangelie spreken andere taal. We hebben er moeite mee. Het gaat over lijden. Daar willen wij het niet over hebben. Dat is impopulair. We doen er alles aan om het te voorkomen. Lijden is niet mooi, en dát moet ons leven wel zijn! Of we geloven of niet geloven, lijden komen we tegen. We kunnen lijden in ons eentje, maar dat is eenzaam én geen leven. Weten dat er een lijdende Heer is die met jou verbonden is, geeft mogelijkheid tot leven. Letterlijk. Het is iets moois samen te gaan. Het troost en wijst een weg zelfs door de dood heen.

De vraag is of je je met deze Heer wilt verbinden in leven en in sterven. Niet zelfredzaam, maar wel Hem navolgen.

Lied 835

## **19 maart** | woensdag

*Zwijgen* Lucas 9:28-36

Soms word je ergens stil van. Je kunt er geen taal voor vinden. De ervaring is te groot. De emotie gaat te diep. Woorden zijn ontoereikend. Zwijgen lijkt het beste. De drie leerlingen hebben hun mond gehouden toen ze de berg van de verheerlijking afkwamen. Kunnen ze niet of durven ze niet te spreken? Misschien beseften ze dat de sluier van de luister van Jezus en de toekomst was opgelicht. Jezus zelf moet de ontmoeting van Mozes en Elia als een bemoediging ervaren hebben. Het werd afgesloten door een stem van boven: 'Dit is mijn Zoon.' De leerlingen zwijgen. Jezus gaat alleen verder.

Geloof kan groots zijn en soms heel klein. Dat is ook onze ervaring. Beide kan reden genoeg zijn om te zwijgen. Het is altijd reden om gesterkt te worden en verder te gaan. Alleen of met elkaar. Zo bedoelt God het immers!

Psalm 62:4,5

---

## **20 maart** | donderdag

*Wat is groot?* Lucas 9:37-50

Iedereen zal deze vraag anders beantwoorden. Groot kan een land, een reis, een auto, een bedrijf zijn. Mensen kunnen zich groot gedragen omdat ze macht hebben. Of ze het zijn, is iets anders. In de woorden van Lucas krijgt groot een heel andere betekenis.

Groot is de vader die onvermoeid hulp vraagt voor zijn zieke zoon. Groot is degene die oog heeft voor het kleinste kind en dat ontvangt als ware het Jezus zelf. Blijkbaar heeft God andere maatstaven voor groot en klein. Macht en onmacht. Groot doen en groot zijn, zijn twee verschillende dingen. Groot is Hij die de minste durft te zijn. Die door de knieën gaat voor een kind, een vriend redt van het graf en zelf de dood tegemoet gaat voor een wereld in nood. Dat is niet groot maar groots. Dat kan alleen maar de Christus zijn. Wie anders?

Lied 538:1

## **21 maart** | vrijdag

*Een goede leerling* Jesaja 50:4-11

Goed kunnen leren is mooi meegenomen. Een goede leerling zijn, is nog iets anders. Dat is leren begrijpen waar het om gaat in de dingen die je hoort. Meer nog, het toepassen in je leven wat je geleerd hebt.
In dit derde lied van de profeet Jesaja gaat het over een knecht die iedere dag luistert naar de stem van zijn Heer. Hij gebruikt zijn stem om anderen moed in te spreken. Hij blijkt een mens te zijn die zijn leven in dienst stelt van zijn Heer. Een goede leerling, maar hij wordt geslagen en bespuwd. Iedereen verzet zich tegen hem. Geen mens wil deze goede leerling zijn.
Verzetten wij ons ook liever tegen de stem van die Heer? Zijn wij liever geen goede leerlingen? Toch staat God juist aan zijn kant. Wie is die leerling dan? De lijdende knecht van God. Zie, de Mens!

Lied 539:4,5

---

## **22 maart** | zaterdag

*Gerechtigheid is duurzaam* Jesaja 51:1-8

Duurzaam blijft een modewoord. Het verkoopt, het staat goed en blijft hip. Toch willen we soms even niet duurzaam zijn in ons eetgedrag, in ons vlieggedrag en in onze manier van leven. Dat moet toch kunnen, roepen we dan.
In dit lied gaat het over dingen die geen einde kennen. Iets dat voor altijd zal blijven. Dat bedoelen we toch met duurzaam? Het gaat hier niet over eten, over mensen of over vliegtuigen. Het gaat over gerechtigheid. Gods recht heeft een lange adem. Al vergaat alles, Gods recht duurt en duurt. Gods gerechtigheid staat fier overeind en zal blijven staan. Hoe is dat mogelijk in een wereld met zoveel onrecht? Hij zelf zal daar garant voor staan, vertelt Jesaja. Hij is immers de Eeuwige. Hij gaat hemel en aarde te boven. Hij weet wat er nodig is: gerechtigheid. Niet hip maar broodnodig.

Psalm 119:14

Hij heeft zich begeven
in taal, werd heilig
schrift, woordelijk
te lezen en te schrijven,
een smeekschrift
in de hof
van de olijven.

Jaap Zijlstra

---

## **23 maart** | zondag

*Tegen angst* Jesaja 51:9-16

We kennen angst. Angst voor een leraar, bang om eerlijk te zijn, angst voor alle onrust en oorlogen. De Israëlieten zijn in ballingschap bang voor hun onderdrukkers. Het ziet er somber voor hen uit. Ze kunnen geen kant op. Toch stellen de woorden van Jesaja iets tegenover die somberheid. Het zijn woorden tegen de angst. Ook voor ons.

Allereerst vertelt Jesaja dat God schepper is. Dat betekent dat God nog steeds bezig is. Wat er is, is niet het einde. Er komt nog meer! Het tweede is dat God zijn woorden de mens in de mond legt. Dat betekent dat Hij in die woorden dichtbij is. We kunnen Hem bijna aanraken met het puntje van de tong! Ten slotte bedekt de schaduw van Gods hand de mens als het nodig is. Israël blijft immers zijn volk. Wij blijven zijn mensen. Als God voor ons is, wie zal tegen ons zijn?

Psalm 85:3

## **24 maart** | maandag

*Het voor iemand opnemen* Jesaja 51:17-23

Heb je het ooit voor iemand op durven nemen? Je stapte naar voren en je zorgde dat de aandacht op jou terechtkwam. Degene die het mikpunt tot dusver was geweest, kon weer ademhalen. Je woog je woorden en je ging als het ware voor die ander staan. Dat is iets anders dan wegkijken of voorbijlopen. Je gaat de confrontatie aan. Zo kan het niet langer. David nam het ooit op voor zijn volk tegenover Goliat. Elia nam het op voor zijn HEER tegenover Baäl. De knecht des HEREN neemt het op voor zijn volk in ballingschap. Er wordt over hen heen gelopen. Het is hetzelfde dat Jezus doen zal. Hij neemt het op voor een wereld tegenover het kwaad. Hij gaat voor ons en de wereld staan. Tot hier. Hij laat over zich heen lopen. Dat betekent alles voor ons.

Lied 575:1

---

## **25 maart** | dinsdag

*Hier* Jesaja 52:1-6

Verstoppertje spelen vraagt om goed zoeken. Soms kun je iemand niet vinden. Je houdt je stil om het geringste geluid op te vangen. Waar zit degene? Hier soms? Kun je een geluidje maken? In de geschiedenis die God met Israël gaat, lijkt God verstopt te zijn. Waar is Hij als zijn volk in Egypte als slaven wordt behandeld? Waar is Hij wanneer zijn volk door Assyrië onderdrukt wordt? Hij is verborgen. De roep om God wordt luider. Wij roepen mee. Zijn naam wordt beklad en uitgescholden. Waar bent U? Bestaat U wel?
Het is onze vraag in dit leven. We vinden God verborgen. We verlangen ernaar dat Hij tevoorschijn komt. Toch zegt God de hele geschiedenis door: Hier ben Ik. Ik ben die er zijn zal. Altijd. In Egypte. In Assyrië. In Israël. Bij ons. Hier!

Lied 280:5,6

## **26 maart** | woensdag

*Brenger van goede woorden* Jesaja 52:7-12

We zitten wat verlegen om goede woorden. Foute woorden en negatieve berichten zijn er genoeg. Ze staan in onze kranten. De sociale media hebben er nog meer. Veel van deze woorden brengen weinig goeds. Ze maken somber, moedeloos en geven geen perspectief. Goede woorden daarentegen geven vreugde, vrede en vertellen van hoop. Waar halen we zulke reddende woorden vandaan? Het is de vreugdebode, vertelt Jesaja, die niet om goede woorden verlegen zit. Hij vertelt dat God vandaag je koning kan zijn. Hij verkondigt dat God redding en vrede brengt midden in deze wereld.
Dat is andere taal. Goede woorden zijn prachtig, maar ze hebben alleen zin als ze gehoord worden. Ze moeten wel opgewassen zijn tegenover wanhoop en negativiteit. Sterk genoeg zijn om oorlog te breken. Zacht genoeg zijn om hoop te scheppen. Dat doen deze woorden. Klaar en zeker. De bode geeft er zijn leven voor.

Lied 318:4

---

## **27 maart** | donderdag

*Het lied* Jesaja 52:13–53:6

Een lied kan iets bijzonders voor je hebben. Het heeft een aparte plek gekregen in je leven omdat het klonk op een speciaal moment. Het herinnert je misschien aan een geliefd iemand. Of de tekst is zo treffend dat je het lied niet meer kwijt wilt. Vandaag hebben we zo'n lied gelezen. Het staat op een bijzondere plek in de Bijbel. Het staat ingeklemd tussen woorden over de plek Babel waar Israël veel te lijden heeft gehad én woorden over Jeruzalem waar het volk weer met vreugde naar terugkeert. Daartussenin staat dit lied over de dienaar die zal slagen in zijn missie. Het lied zet hoog in. Er wordt veel van hem verwacht. Hij heeft veel te geven. Zijn leven brengt zegen. Niet voor hemzelf, maar het geeft dé verandering voor zijn volk. Dit lied is heilige grond. Voor Israël en ons...

Lied 586

## **28 maart** | vrijdag

*Belijdenis of smartlap* Jesaja 53:7-12

Om de Matteüs Passie komen we deze dagen niet heen. Voor de een is zij als het beluisteren van een belijdenis voor geloven. Voor de ander is zij als het horen van een smartlap over het lijden van een mens. De muziek is echter prachtig. Of niet? In de slotverzen van Jesaja 53 beluisteren we het einde van het lied over de dienaar. Zijn leven is een lijden. De woorden die klinken, hebben te maken met torsen, dragen, zwijgen en een dodelijke weg. De woorden *ziekten* en ook *zonden* vallen. Het klinkt zwaar. Blijkbaar was zijn leven dat ook. Hij gaf zijn leven prijs.
We zijn weer terug bij de Matteüs Passie. Christus gaf zijn leven als prijs voor velen. Dat klínkt niet zwaar. Dat wás zwaar. We leven door Hem. Dat is geloven. Geen smartlap.

Psalm 22:1

---

## **29 maart** | zaterdag

*Verlaten* Jesaja 54:1-10

Verlaten worden is verdrietig en beschamend. Wie het meegemaakt heeft, om wat voor reden dan ook, kent de pijn en (niet-vergoten) tranen. In de oudtestamentische tijd was de pijn het grootst voor een vrouw. Jesaja schetst de ellende van dit vrouwenverdriet met de woorden *onvruchtbaar, weduwe* en *verlaten*.
In dit lied gaat het niet om één vrouw, maar om een stad, een volk. Het beeld gaat schuiven als de woorden vallen 'toen de HEER je terugriep'. Er komt een einde aan die verlatenheid. Dat heeft met God te maken. Zijn trouw blijkt onverbrekelijk. Hij roept het volk terug. Hij kan en wil niet anders. Later wordt er in Jeruzalem opnieuw over verlatenheid gesproken. Het gaat hier om één Mens hangend aan een kruis. De Godverlatenheid duurde niet langer dan drie dagen. God kon niet anders. Hij riep Hem terug. Goddank.

Psalm 30:1

De ware God geeft zijn vlees en bloed,
Afgoden eisen het jouwe.

Les Murray

---

## **30 maart** | zondag

Met zorg — Jesaja 54:11-17

Als ergens zorg aan besteed wordt, zie je dat direct. De manier waarop de bloemen geschikt zijn, de koffie geserveerd wordt of het tafeltje bij de zieke is ingericht. Als aan iets zorg besteed wordt, spreekt daar liefde uit. Dat iemand van bloemen houdt, plezier heeft in zijn werk of om de zieke geeft.

In de slotverzen van dit lied uit Jesaja spreekt de zorg van God om zijn volk. Het lied vertelt over fijn leem, saffier, robijnen en edelstenen die de eerder verlaten stad Jeruzalem zullen verfraaien en versterken. Ze ziet er voortaan uit als een bruid. Geliefd en met zorg behandeld. Niet alleen de stad maar ook zijn volk zal God omgeven met zijn zorg, Mensen zullen bekleed worden met een liefde die nooit verdwijnt, met een vrede die onwankelbaar is. Dat is wat God doet. In Jezus wordt zijn zorg zichtbaar.

Psalm 103c:2,3

## **31 maart** | maandag

*Bloemetje* Jesaja 55:1-13

Jesaja beschrijft de droom van de bannelingen uit Babylon. Ze rennen terug naar hun eigen land, Israël. Zelfs de natuur onthaalt hen feestelijk. Wat zou het fantastisch zijn als bergen juichen en bomen klappen als je, na gedeporteerd te zijn, terugkeert naar huis. Maar meestal is de realiteit anders. In Nederland werd na de oorlog niemand die terugkeerde warm onthaald. Er was geen begrip voor de mensen die uit de kampen kwamen, of het nu Duitse kampen of Jappenkampen waren. Je mocht al blij zijn als je ergens onderdak vond. In Denemarken was dat heel anders. Daar pasten de buren keurig op het huis van hun gevluchte Joodse medeburgers. En toen die terugkwamen, kregen ze een warm welkom. Op tafel stond een bloemetje als welkomstgroet. Zo kan het ook.

Lied 839

---

## **1 april** | dinsdag

*De kamerling uit Morenland, Handelingen 8* Jesaja 56:1-8

In zijn reiswagen schommelt de zwarte man terug naar zijn eigen land. Hij is in Jeruzalem geweest om God te aanbidden. Op de thuisreis leest hij Jesaja, net als wij deze week. De minister van Financiën uit Ethiopië moet daarin deze prachtige tekst gelezen hebben. De tekst gaat over hem. Als ambtenaar aan het hof was hij een eunuch. Hij mocht geen eigen gezin, geen kinderen hebben. Daardoor zal zijn naam verloren gaan. Is hij een dorre boom? Nee, dat is niet zo. God zal hem een eeuwige naam geven, schrijft Jesaja. Van de dertigers in mijn gemeente hoor ik dat veel van hun generatiegenoten worstelen met kinderloosheid. Ook voor ouderen zonder kinderen is dat een probleem: wie zal voor hen zorgen? Dit kunnen we alleen als maatschappij oplossen. Maar het is wel goed te voelen dat zij voor God levende bomen zijn, net zo volwaardig als mensen met kinderen.

Lied 976

## **2 april** | woensdag

*Leiders en hun ego* Jesaja 56:9–57:6

Het lijkt wel alsof Jesaja hier de actualiteit beschrijft. Helaas zijn er in deze wereld nog steeds herders zonder inzicht die belust zijn op eigen voordeel. Politieke beslissingen van leiders hebben soms meer met eigenbelang te maken dan met landsbelang. Zij proberen uit de gevangenis te blijven en willen daarom herkozen worden. Of ze proberen aan de macht te komen om hun familie rijk te maken. Zo gaan de rechtvaardigen te gronde. Ook meer in het klein hebben besluiten van mensen voornamelijk te maken met wat het voor henzelf oplevert. Daar zou je cynisch van kunnen worden. Maar Jesaja blijft geloven in rechtvaardigheid. Al dat eigenbelang, al dat geld geeft je geen vrede. Wie de rechte weg bewandelt, zal wél vrede vinden. En zo is het.

Lied 1001

---

## **3 april** | donderdag

*Najagen van wind* Jesaja 57:7-13

Ik vind deze tekst moeilijk om te lezen. Het is beeldspraak, dat weet ik. Het gaat om mensen die afgoden vereren. Zij worden vergeleken met een prostituee, die haar bed op een berg plaatst om haar minnaars te ontvangen. Meer profeten gebruiken de beeldspraak van de afvallige Israëlieten als hoeren. Dit beeld kunnen we vandaag de dag niet meer gebruiken. We zien de uitbuiting en het leed achter prostitutie. Jonge buitenlandse vrouwen in de greep van criminelen. De boodschap van Jesaja blijft wel belangrijk. We dienen naast God nog steeds afgoden, zoals het geld, de mammon. Of de mode. We willen steeds nieuwe kleren en nieuwe spullen in en rond ons huis. Dat zijn ook afgoden. Als we mensen willen waarschuwen om geen moderne afgoden te dienen, moeten we nieuwe woorden vinden. Hebben jullie goede beelden?

Lied 797

## **4 april** | vrijdag

*Woelige baren* Jesaja 57:14-21

Er is hoop. Dat is een bekende christelijke slogan. Er is altijd hoop. En dat is ook de boodschap van deze dag, in de profetie van Jesaja. Mensen hebben altijd de mogelijkheid om terug te keren tot God, om weer het juiste pad te kiezen. Zelfs voor de afgodendienaars van de tekst van gisteren is er vergeving mogelijk. God zal hen niet eeuwig blijven straffen. Jesaja vergelijkt de hebzucht met een soort ziekte. God zal mensen genezen van deze verslaving en hen leiden. Het is een mooie, hoopvolle tekst die ook realistisch blijft. Aan het einde worden de goddelozen vergeleken met de golven van de zee, die nooit ophouden te bewegen en nooit rust vinden. Maar het grote aanbod van de innerlijke vrede blijft staan, voor wie verandert en weer op de Heer vertrouwt. Bij Hem is échte rust en vrede te vinden.

Lied 900

---

## **5 april** | zaterdag

*Het snoeptrommeltje* Jesaja 58:1-5

In mijn jeugd woonde ik in Brabant. Katholieke vriendinnetjes van school hadden in de vastentijd een mooi trommeltje, waarin ze de snoepjes stopten die ze kregen. Ik vond dit toen erg mooi en deed ook mee, met een eigen trommeltje. Ook mijn kinderen heb ik geprobeerd dat mee te geven. Zij kregen in de Veertigdagentijd chocoladepaashazen in allerlei soorten en maten die ze vanaf Pasen mochten opeten. Zo werd Pasen extra feestelijk. Als protestanten hebben we altijd moeite met vasten gehad, vanwege teksten zoals Jesaja 58. De profeet leert ons dat gerechtigheid veel belangrijker is dan uiterlijk vertoon van religie. En toch is het niet zijn bedoeling, denk ik, dat we nu alleen maar bezig zijn met goede werken. Het gaat samen. Proberen goed te zijn voor je naaste kun je goed combineren met genieten van de zondag en van de rituelen van religie. Het snoeptrommeltje, dat kunnen we rustig weer neerzetten.

Lied 537

## Een dankzegging: In het licht

Om de eerste dag van de rest van ons leven,
Om het licht dat telkens weer doorbreekt,
Om de warmte die de kilte verdrijft,
Om de geuren van groen om ons heen.

Om de mensen die wél worden bevrijd,
Om wie zich niet neerleggen bij onrecht,
Om wie opstaan tegen leugen en bedrog,
Om wie werken aan een andere toekomst.

Om wie zich geven aan het welzijn van mensen,
Om wie verzorgen, verbinden en genezen,
Om wie een toevlucht zijn voor ontheemden,
Om wie vertroosten, verzachten en sterken.

Niek Schuman, *Een verschil van dag en nacht*, Meinema, Delft 1984, p. 92

---

## **6 april** | zondag

*Zondag en maandag* Jesaja 58:6-14

De tekst van gisteren gaat hier verder. Jesaja spreekt over echtheid. Je religieuze gedrag moet kloppen met je ethische gedrag. Dat zeggen meer profeten. Het heeft geen zin om offers in de tempel te brengen als je arme mensen uitbuit. Wie christen is op zondag, is ook christen op maandag. Je moet handelen naar je geloof. En dat is wat mensen buiten de kerk christenen vaak verwijten. Ze vinden ons schijnheilig. Dat we alleen christen zijn op zondag, maar er verder niet naar leven. Ik denk niet dat dit klopt. Christenen doen heel veel vrijwilligerswerk. Zij proberen zich echt voor mensen in te zetten. Veel maatschappelijke stichtingen zijn ooit door christenen opgericht. Als we ons zo gelovig inzetten op maandag, wordt de zondag ook veel mooier! Dan wordt de sabbat een dag van vreugde.

Lied 276

## **7 april** | maandag

*Bloedgeld* Jesaja 59:1-8

Waarom bestaat het kwaad? Waarom gebeurt er zoveel slechts in de wereld? Dat is een van de grote vragen van de godsdienst. Hoe kan het kwaad bestaan terwijl God het goede wil? Is God niet machtig genoeg? Jesaja 59 geeft daar direct aan het begin van de tekst een duidelijk antwoord op. God is machtig genoeg. Maar er bestaat kwaad in deze wereld wegens het wangedrag van mensen. De handen van mensen zijn besmeurd met bloed. Mensen zijn uit op oorlog. Daar zit God niet achter. Ik zeg dit nu over mensen in het algemeen, maar eigenlijk spreekt de profeet direct tot ons: 'Jullie handen zijn besmeurd met bloed.' Oei. Dit gaat over ons. Om maar een voorbeeld te noemen: de grondstoffen van onze mooie apparaten zijn zo kostbaar dat er oorlogen worden gevoerd om ze in bezit te krijgen. Hoe wordt ons geld geïnvesteerd? Waar komt ons eten vandaan en onze kleding?

Lied 1010

---

## **8 april** | dinsdag

*Mijn grote schuld* Jesaja 59:9-15a

Laten we deze woorden met Jesaja meespreken. We doen dat in de kerk niet vaak meer, zeggen dat wij schuldig zijn. Dat we deel zijn van de menselijke schuld. Deel van het menselijk onvermogen om de wereld rechtvaardig en goed te maken. Het kan goed zijn om dit eens duidelijk uit te spreken. Hier klinkt het uit volle borst, heel eerlijk. Na de profetische aanklacht van Jesaja 59:1-8 volgt de schuldbelijdenis. Het kan opluchten om dat zo uit te spreken. En niet met de vinger naar anderen te wijzen, naar anderen die nog schuldiger zijn dan wij. Die zijn er natuurlijk altijd, maar daar gaat het hier niet over. Het gaat om ons, om jullie, om mij. 'Ik ben U ontrouw, Heer, dat belijd ik. Amen.'

Lied 1005

## **9 april** | woensdag

*Harnas en helm* Jesaja 59:15b-21

Jesaja is een dichter. Hij spreekt in beelden. We lazen in de verzen 10 en 11 over mensen die als blinden rondlopen en als beren grommen. Nu zien we het beeld verrijzen voor onze ogen van een God die zich aangordt, zich gereedmaakt om in te grijpen. Hij rijst op, met onderkleed en mantel en harnas en helm, en komt in deze wereld redding brengen. Op maandag lazen we over de vraag van het kwaad in de wereld, dat door mensen komt. God kan ingrijpen, zei Jesaja toen al. Het is ook onze hoop als christenen, dat God ingrijpt. Ik zie dit vooral gebeuren door mensen. God werkt door mensen die het goede doen en ineens hoop brengen in de wereld. Laten we hopen en bidden dat God ingrijpt. En in de tussentijd doen we zelf ons best. Want God werkt ook door ons.

Psalm 68:1,2

---

## **10 april** | donderdag

*U lest mijn dorst* Psalm 36

Heel beeldend beschrijft de psalmdichter de kwaadaardige mens. We zien hem op bed liggen, terwijl hij een plan smeedt om zijn zin te krijgen en nog meer land en geld te bezitten. Dat gaat ten koste van zijn landgenoten, maar het deert de goddeloze niet. Hoeveel mensen hij benadeelt en schaadt, interesseert hem niet. De zonde sust zijn geweten in slaap. Deze psalm is gesproken door een van die mensen die op deze manier benadeeld zijn. Heer, grijp in! Laat de voet van de hoogmoedige mij niet vertrappen. Zo roept de psalmist het uit, in nood. Maar in alle ellende kan de psalmdichter toch spreken over licht en leven en zelfs over een stroom van vreugde die van God komt. Ik heb als dominee dat ook meegemaakt op ziekenbezoek. Vrouwen en mannen die chronisch ziek zijn en toch een enorme blijmoedigheid uitstralen. Ik vind dit heel bijzonder.

Lied 1006

## **11 april** | vrijdag

*Eet smakelijk!* Deuteronomium 16:1-8

Morgenavond begint Pesach, het grote bevrijdingsfeest van het jodendom. Een hoogtepunt van Pesach is de feestelijke seidermaaltijd. De hele familie is thuis bij elkaar, en gasten zijn welkom. Elk onderdeel van de maaltijd kent eigen liederen en symbolen. Ken je het seiderbord? Daarin zijn zes vakjes voor bijzondere gerechten, die allemaal betekenis hebben. De bittere kruiden herinneren aan de slavernij in Egypte. Het zoute water aan de tranen van de slaven. Het botje staat voor het lam dat was geslacht in de nacht dat de Israëlieten bevrijd werden. En naast het bord liggen natuurlijk de matses, het ongedesemde, snel gebakken brood van die nacht. Vaak denk ik dat we veel kunnen leren van de manier van feesten in het jodendom. Wat fantastisch om God zo te dienen, met een heerlijke, uitgebreide maaltijd!

Lied 168

---

## **12 april** | zaterdag

*Feest!* Deuteronomium 16:9-17

Volgens Deuteronomium moesten mannen driemaal per jaar naar de tempel gaan, voor de grote feesten: Pesach, Wekenfeest (Pinksteren) en Loofhuttenfeest. Vermoedelijk was dat meer theorie dan werkelijkheid, want zo vaak konden boerenfamilies niet weg van hun land. Lucas beschrijft hoe de familie van Jezus één keer per jaar naar Jeruzalem toog, om Pesach te vieren. Ze reisden in een lange stoet van mensen uit hun dorp. Zij waren omringd door bekenden. Dat zal voor een enorme verbondenheid hebben gezorgd. De mensen zullen gemusiceerd, gedanst en psalmen gezongen hebben. Ze aten samen. Een pelgrimstocht was geen individueel avontuur maar een gezamenlijke, geestelijke reis. En wat een ongelooflijke drukte moet dat geweest zijn in Jeruzalem! Al die dorpelingen bij elkaar in de grote stad. Kamperend op de Olijfberg of ondergebracht bij familieleden. Het hoogtepunt was natuurlijk het feestmaal in de tempel. Prachtig, als het voorschrift is dat je feest moet vieren!

Lied 868:1,2,5

Dit is een dag van zegen,
een dag van feest en licht,
van palmen hoog geheven,
van zon en vergezicht.
Geef ons vandaag de moed
het met uw naam te wagen,
uw vrede uit te dragen.
Loof God, want Hij is goed!

Hanna Lam, *Liedboek. Zingen en bidden in huis en kerk*, Lied 552:3

---

## **13 april** | zondag

PALMZONDAG

*Zegen uit het zuiden* Lucas 19:29-40

Toen we in Egypte woonden, maakte ik eens met mijn dochter van acht een lange reis naar het zuiden. Met een groep christenen uit Caïro bezochten we de plaatsen waar Jezus als kind was geweest. Het was vastentijd, dus we aten voornamelijk groente onderweg. In een kerk in een dorp aan de Nijl, ergens in het zuiden, woonden we de palmpaasviering bij. De bisschop, de gelovigen en wij, christenen uit het noorden, liepen in processie door het dorp naar de kerk, zwaaiend met palmbladeren. In de kerk volgde een heel lange, indrukwekkende dienst. Maar mijn dochter verveelde zich niet. Tijdens de dienst konden de kinderen kruisen van palmbladeren vouwen. Het hele jaar heeft het palmkruis aan de deur van ons appartement gehangen. Het is een gezegend jaar geweest.

Lied 550

## **14 april** | maandag

*Via dolorosa* Psalm 67

Wat prachtig is Psalm 67 toch. De oude woorden van de zegen van Aäron worden in de psalm herhaald: 'Moge de Heer u zegenen en u beschermen, moge de Heer het licht van zijn gelaat over u doen schijnen en u genadig zijn.' Meestal laat ik Psalm 67 zingen in de Stille Week, op Witte Donderdag. De nacht van Witte Donderdag op Goede Vrijdag is een verschrikkelijke nacht, vol eenzaamheid en duisternis. Het is de weg die Jezus moet gaan. Waarom? Hierop zijn veel antwoorden, maar een deel blijft toch onbegrijpelijk voor ons mensen. Wat we wel weten, is dat de weg van Jezus de weg van God is. Achter alle gebeurtenissen van die week in Jeruzalem is Gods leiding zichtbaar. Dat zegt deze psalm ook: 'God, U bestuurt de volken. En op een dag zal iedereen op aarde uw weg kennen!'

Psalm 67:1

---

## **15 april** | dinsdag

*Trollen* Psalm 41

Heb jij een vijand? Een echte vijand, bedoel ik. Dus niet zomaar een vriend of vriendin die niets meer van zich laat horen, maar iemand die zich echt tegen je heeft gekeerd. Ik hoop dat het antwoord nee is. Toen ik in Kameroen lesgaf, spraken mijn studenten wel over vijanden. Een jongeman had een oom die hem probeerde te vergiftigen. Hij was geen uitzondering. De Kameroense studenten hadden vaak mensen in hun omgeving die het ergste voor hen hoopten, zoals de psalm zegt. Ook wij werden gewaarschuwd voor bepaalde Kameroense buren. Hier in Nederland is het een stuk gemoedelijker. Ik zou niet weten wie mij hier kwaad toewenst. Aan de andere kant wordt wel vaak anoniem gescholden. Bestuurders krijgen ongelooflijk veel boosaardigs over zich heen. Niet in een gesprek, maar via sociale media, door mensen die zich vaak niet bekendmaken. Blijkbaar zijn veel harten nog steeds vol kwade gedachten.

Lied 577

## **16 april** | woensdag

*Toen nam Satan bezit van Judas* Lucas 22:1-13
Bestaat het kwaad? Bestaat de duivel? Daarover hebben christelijke denkers allerlei meningen. Augustinus zag het kwaad als de afwezigheid van het goede. Maar Luther zag Satan echt voor zich als een persoon. Hij geloofde in tovenaars en demonen en worstelde met de duivel. Volgens de legende gooide hij ooit een inktpot naar Satan. Kun je dat kwaad, die duivel terugvinden in een mens? Dit vind ik zelf een heel lastige vraag. Zijn er echt slechte mensen? Hier in Lucas wordt beschreven hoe Satan bezit neemt van Judas. Daarmee is Judas dus slecht geworden, zou je kunnen zeggen. In het Matteüsevangelie heeft hij daarna nog berouw, maar in Lucas niet. De versie van Matteüs past beter, denk ik, bij hoe wij vandaag de dag mensen zien. Zij bestaan uit grijstinten en kunnen veranderen. Maar is dat echt zo?

Lied 558:1,5,6

---

## **17 april** | donderdag WITTE DONDERDAG

*Witte Donderdag* Lucas 22:14-65
Jezus en de leerlingen hadden in de stad samen het pesachmaal gegeten en wijn gedronken, voor het laatst. Ze waren weer de Olijfberg op gelopen. Daar maakte Jezus de vreselijke worsteling door, in gebed. De leerlingen waren te moe en te verdrietig om wakker te blijven en te waken bij Jezus. Ze waren in slaap gevallen. In de evangeliën klinkt het verdriet van Jezus door dat ze Hem zo in de steek lieten. Misschien is dat wel het belangrijkste wat wij voor anderen kunnen betekenen: het verdriet, de angst verdragen. Bij hen blijven en waken. Niet praten. Niet proberen oplossingen aan te reiken, want die zijn er vaak niet. De vrienden van Job hebben één ding goed gedaan: ze zaten zwijgend zeven dagen en zeven nachten bij hem, want ze zagen hoe vreselijk hij leed. Tot dat soort compassie roept Jezus ons op: 'Blijf bij Mij en waak hier bij Mij.'

Lied 571

## **18 april** | vrijdag GOEDE VRIJDAG

*Stille kracht* Lucas 22:66–23:56

De leerlingen hebben Jezus in de steek gelaten. Maar aan het einde van deze tekst gaat het over mensen die trouw blijven, verborgen rechtvaardigen. Josef van Arimatea wordt allereerst genoemd. Hij was een goed mens, schrijft Lucas. Hij was ook een belangrijke man. Blijkbaar iemand met contacten. Hij kende Pilatus persoonlijk. Josef van Arimatea was raadslid en waarschijnlijk ook rijk. Hij is zo'n stille kracht, zoals we er veel in de kerk tegenkomen. Een doener. Trouw. We zien hem bezig aan het kruis. Hij doet het allemaal zelf: het lichaam eraf halen, in doeken wikkelen en in een graf leggen. Helemaal aan het eind komen nog zo'n paar doeners naar voren: de Galilese vrouwen. Ze zeggen niet veel maar maken olie en balsem, omdat ook na de dood zorg nodig is. Zij zijn de mensen die ons allemaal tot voorbeeld kunnen zijn.

Lied 563

---

## **19 april** | zaterdag STILLE ZATERDAG

*Stille Zaterdag* Psalm 82

In onze geloofsbelijdenis spreken we uit dat Jezus na zijn dood neergedaald is in de hel. Op Stille Zaterdag dus. Dat werd wel zo uitgelegd: Jezus zou in het dodenrijk zijn geweest en hier de overledenen bereikt hebben met het evangelie. De bekeerlingen nam Hij mee naar de hemel, voor het laatste oordeel. Ik weet niet hoe jij je de hemel voorstelt. Ik zie het als een rustige, vreedzame plek. In de geloofsbelijdenis en in deze psalm is dat anders. De hemel zit vol met mensen en hemelse wezens die beoordeeld worden. In de psalm is de hemel zelfs bevolkt door goden die gefaald hebben. Ze zijn niet opgekomen voor weerloze en verdrukte mensen. Dat is even een andere wereld, een hemel vol goden. De morele principes van de psalm zijn echter heel vertrouwd. Daar gaat het om: opkomen voor de zwakken, naastenliefde en gerechtigheid.

Lied 769:1,2,3

## Lied over 'Hoe het na de opstanding verdergaat'

De vrouwen op de eerste dag
zijn door de tuin gelopen
met schrik: het graf was open
alleen de tuinman die men zag.

De vrouwen lieten daar het graf
met blijdschap: er was leven!
Ze zagen het maar even,
maar niemand nam hun dat meer af.

Die vreugd' en vrees en wankele moed
zijn eeuwenlang gaan duren.
Geen Thomas, geen structuren
verhulden ons dat zicht voorgoed.

Jij, die de weg nu met mij gaat,
door nacht of mist moet lopen,
hou vol! En laat ons hopen
omdat de Tuinman ergens staat!

*Eva's lied, 99 liederen voor vrouwen*,
Kok, Kampen 1998, p. 49

---

## **20 april** | zondag PASEN

*Sprakeloze morgen* Johannes 1:1-17

Het is paasmorgen. 'Sinds het begin is er het spreken; dat spreken is God nabij, ja God zelf is dat spreken' (Naardense Vertaling).
Deze verzen van Johannes op paasmorgen scheppen een sprakeloosheid. Het spreken van God maakt dat de hoorder de hand op de mond legt, zoals Job deed na alles wat hij en zijn vrienden over God hadden gezegd. Aan God is het eerste en het laatste woord. Paasmorgen licht dat toe. Het spreken van God is niet vanuit de wil van een man, niet vanuit lichamelijke begeerte, niet vanwege de kloeke man die van God getuigt. Het spreken van God is God zelf, en wie het opvangt, doet dat stamelend. Het Evangelie van Johannes spreekt van het Woord dat mens geworden is. Onze mensenwereld wordt Gods wereld vol van genade en waarheid.
Begrijpen? Nee! Geloven? Ja!

Lied 565

## **21 april** | maandag

PASEN

*Loven* Psalm 105:1-22

Er is maar één letter verschil tussen lóven en léven. Als het leven tegenzit, valt er weinig te loven. Hoe anders is dat in deze psalm, zo vlak na Pasen.

Loven wordt het leven zelf. De psalmist bezuinigt niet op de beschrijving van loven. Loven is de Heer breeduit bekendmaken door zingen, spelen, spreken, zich op Hem beroemen, van harte blij zijn én naar Hem uitzien! Het lovende volk wordt geholpen met de oproep tot gedenken: door present te stellen wat het volk met God heeft meegemaakt. Geheugensteuntjes zijn de namen Abraham, Jakob, Israël en Kanaän. Ook wordt over Jozef verteld. Dat begon niet zo best. Ook bij Jozefs leven pasten loven en leven achteraf op elkaar als hol en bol. Ook maar één letter verschil.

We mogen dit gedeelte samenvatten met: Mens, durf te loven!

Lied 864:1,2,5

---

## **22 april** | dinsdag

*Gedenkwaardig* Psalm 105:23-45

Ze is 91 jaar geworden. Wat geven we moeder nu nog? Ze krijgt een digitaal fotolijstje, geparkeerd op een tafeltje tegenover de leunstoel. Elke paar seconden verschijnt een nieuw beeld. Haar ouders, zussen, broers, kinderen, kleinkinderen, feest van de tachtigste verjaardag, wijkkerk, graf van haar man, diploma-uitreiking kleindochter, zelfs twee achterkleinkinderen. Haar kinderen verversen regelmatig de beelden. Voor haar blijven alle beelden gedenkwaardig én verrassend. Dit is háár geschiedenis, van geslacht tot geslacht.

Psalm 105 vervolgt met vele 'fotomomenten' die voor Israël van geslacht tot geslacht gedenkwaardig zullen blijven. Het bepaalt de identiteit. Beelden van de plagen in Egypte rollen in dit psalmgedeelte af en aan. Het komt alles bekend voor. God heeft Israël uitgeleid uit Egypte met de opdracht de geboden en wetten na te leven! Het blijft Israëls geschiedenis die gedenkwaardig wordt overdacht, gevierd en doorverteld.

Psalm 78a

## **23 april** | woensdag

*Kroongetuigen* Lucas 24:1-12

De weergave van de gebeurtenissen op paasmorgen blijft verbazingwekkend. Nadrukkelijk wordt vrouwen een plaats gegeven bij de opstanding van Jezus. Verbazingwekkend, omdat de kerk dat nog altijd niet overal zichtbaar maakt. De opstanding zet de geschiedenis in een nieuw licht. Vrouwen in de klassieke treurende rol, die hun geliefde meester de laatste eer gaan brengen. Vrouwen aan wie twee mannen, maar dan wél engelen, verkondigen dat hun meester leeft. Of ze zich dat niet herinnerden? Opnieuw vrouwen die als eersten de leerlingen, die binnen zaten, verkondigen dat het graf leeg is.
Hoe ongelofelijk klinkt dit alles, als mannen het als 'kletspraat' aanmerken. Pas in tweede instantie is Petrus weer haantje-de-voorste. Hij gaat nu zelf kijken bij het graf. Maar hij ziet alleen de linnen doeken. Die vrouwen op die plaats als kroongetuigen te ontmoeten, het blijft verbazingwekkend!

Lied 631

---

## **24 april** | donderdag

*Beslagen ruiten* Psalm 102:1-18

Iemand met ernstige depressies omschreef dat als: mijn ruiten zijn vanbinnen en vanbuiten beslagen. Een vreselijk besef. Velen zullen deze beschrijving herkennen.
De woorden die de psalmist gebruikt, doen denken aan beslagen ruiten. Een noodkreet om hulp terwijl het tijdbesef verdampt. Dagen vliegen voorbij als rook, pijn tot in de botten, het hart van slag, de eetlust zoek.
Het beeld van de uil in de woestijn versterkt de beleving van eenzaamheid, een troosteloos en tegelijk ruïneus beeld. Ruïnes, afzichtelijke restanten van een oorlog, schenken op wonderbaarlijke wijze de moed om tot herbouw over te gaan. 'Want uw dienaren hebben de stenen van Sion lief.' Hieruit spreekt één vurige wens, dat iemand helpt de beslagen ruiten schoon te vegen. Het roept bij mij het beeld op dat de ernstig gedeprimeerde met zijn wijsvinger 'God' schrijft op de met zijn adem beslagen ruit.

Psalm 102:3,4,12,13

## **25 april** | vrijdag

*Wisselgewaad* Psalm 102:19-29

Velen hebben de gewoonte om bij een gelegenheid passende kleren te dragen. Op een bruiloft past feestelijke kleding. Bij een uitvaart is men sober gekleed, en bij een sportevenement siert de clubdas. In onze dagen lijkt dat minder te gelden. 'Doe maar gewoon' kan ook leiden tot decorverlies. Juist de persoon in passende kledij blijft dezelfde. Kleren kleuren de mens.

De psalmist zegt dat de Eeuwige de tijden als gewaden verwisselt, maar dat Hij vóór alle tijden was en zal zijn. Het vaak angstwekkende wisselen van tijden doet smachten naar iets blijvends, of íémand die blijft. Het beeld van de ruïne in vers 15 staat enerzijds voor verwoesting, anderzijds voor wat blijft: het verlangen naar wederopbouw. Niet alleen Israël, maar elk volk zal merken: bij het als een gewaad verwisselen van de tijden, blijft de ervaring dat de Eeuwige de mantel van het licht heeft omgeslagen.

Psalm 104:1,2,9

---

## **26 april** | zaterdag

*Opnieuw uitleggen* Lucas 24:13-27

'Alles wat over ons geschreven is, gaat Gij volbrengen deze laatste dagen.' Bekende versregels. Behulpzaam om ons bijbelgedeelte te verstaan. Immers, op de avond van de dag van de opstanding zijn twee leerlingen van Jezus op weg naar Emmaüs. Ineens loopt er iemand met hen mee. Hij voegt zich in het gesprek. Daaruit blijkt één ding: alles wat er over Goede Vrijdag en paasmorgen beschreven is, blijken deze droevig gestemde mannen niet te hebben gekoppeld aan wat Jezus al verschillende keren had verteld.

Hoe vaak moet een mens iets horen om te verstaan? Misschien is daar, met vallen én opstaan, wel een mensenleven lang voor nodig. Daarom wordt de derde wandelaar niet moe de Schriften nog eens uit te leggen. Hijzelf is immers het sprekende voorbeeld van de paaswaarheid.

Met de inflatie van bijbelkennis is opnieuw uitleggen geboden. Er zit niets anders op.

Lied 556

## Ochtendhumeur

Clemens van Rome meent dat de beweging van nacht naar dag ons steeds weer de opstanding laat zien. De nacht van de dood wordt opgevolgd door de dag van het leven. Elke morgen is een wonder. Een christen leeft vanuit de morgen en niet vanuit de nacht. Uitgeslapen en met een glimlach op het gezicht begroet een christen de dag. Een ochtendhumeur zou christenen vreemd moeten zijn. Iedere dag is een kans om het goede te bewerkstelligen en daden van gerechtigheid te doen. Het leven is de moeite waard omdat wat dodelijk lijkt, in de naam van de Eeuwige leven kan worden.
Een christen is te herkennen aan zijn optimisme en het vermogen in iedere situatie kansen te zien om het rijk van de Eeuwige nu te bouwen. Hij of zij is een vrolijk mens. Met Rainer Maria Rilke zegt een christen: 'Hier zijn is heerlijk.'

*Doornse Catechismus*, Kok, Kampen 2010, p. 135

---

## **27 april** | zondag KONINGSDAG

*Actieve herinnering* Lucas 24:28-36

De uitdrukking 'ergens wel of niet een actieve herinnering aan hebben' wordt glimlachend aangewend als iemand iets toch had kunnen weten. De leerlingen die erop aandringen dat de vreemdeling met hen de maaltijd houdt, worden tot een actieve herinnering geleid. Hun was nog steeds geen licht opgegaan over de derde wandelaar. Bij het nemen van het brood, het zeggen van de zegenbede en het uitdelen, wordt duidelijk wie in hun midden is gekomen. De gebaren zijn genoeg voor herkenning. De tafelgemeenschap en de Schriften lezen, horen bij elkaar, vormen het hart van de christelijke gemeenschap.
De twee mannen gaan naar Jeruzalem om te getuigen. Hun getuigenis bleek al niet meer nodig. De leerlingen in Jeruzalem hadden inmiddels ook zelf een actieve herinnering aan Hem gekregen. 'Doe dit tot mijn gedachtenis.' Zo klinkt het nog altijd. Blijft de vraag of het ook leidt tot een actieve herinnering.

Lied 387

## **28 april** | maandag

*Symfonie* Psalm 150

Een symfonie eindigt meestal met een daverend slot, voorafgegaan door een muzikale opgang. De dirigent die dat het beste weet te leiden, krijgt klaterend applaus. Dan wijst hij de groepen aan die voor de klanken zorgden. De spelers van snaarinstrumenten, blaasinstrumenten, slaginstrumenten – allen delen in het applaus. Zij hebben deze samenklank ten gehore gebracht. Voor wie of wat?

De 150e psalm is de finale van de psalmenreeks en laat klinkklaar horen voor wie het alles bestemd is. Voor de God die in zijn woning de morele orde bewaakt. Die vanuit zijn machtig gewelf de natuur tot bloei brengt. Die volken bevrijdt. Die oneindig groot is. Ding als mens daar niets op af, luidt de goede raad.

In de liturgie wordt dat al eeuwenlang zo ervaren. Er is maar één conclusie denkbaar: Alles wat ademt heeft, loof de HEER.

Psalm 150b

---

## **29 april** | dinsdag

*Het recht zoeken* Deuteronomium 16:18–17:7

Het boek Deuteronomium is een geschreven uitleg over het functioneren van het recht. 'Zoek het recht en niets dan het recht.' Hoe duidelijk staat het er. Het recht, dat is de Thora. Doen van het recht, het recht herkennen bij volksgenoten en toetsing door rechters, heeft maar één doel: het leerproces volk van God te zijn! Daarom de waarschuwing: kijk niet naar de gewoonten van andere volken, je dient er ook zomaar andere goden mee. Pas op!

Het leidt uiteindelijk naar de woorden van Jezus zoals ze staan weergegeven in Johannes 8. 'Wie van jullie zonder zonden is, laat die als eerste een steen werpen.'

Verontwaardiging over de manier waarop Jezus de allergrootste zorgvuldigheid betracht met betrekking tot de doodstraf. We kunnen meteen 'struikelen' over de doodstaf. Beter is eerst te kijken hoe met grote zorgvuldigheid in Deuteronomium beschreven staat hoe het recht functioneert.

Psalm 119:62-65

## **30 april** | woensdag

*Kerk en staat* Deuteronomium 17:8-20

Kerk en staat zijn gescheiden. Dat is een groot goed. Minder goed is het wanneer ze elkaar niets meer te zeggen of te vragen hebben. Voor moderne staten functioneert een grondwet als verbinding. In ons schriftgedeelte hebben de rechter én de koning God boven zich! Het volk moet om die reden onvoorwaardelijk kunnen vertrouwen op rechter en priester. Zij spreken en handelen voor het aangezicht van God. Door hun rechtvaardig optreden wordt het kwaad uit het midden van Israël weggedaan. Schokkend als dit niet meer klopt. Berechting en vermaning moeten zodanig zijn dat het volk niet een tweede keer in de fout gaat. Hoe verrassend klinken deze gedachten ook vandaag. Het grote verschil is dat het belijden van één God door één natie zó niet meer bestaat. Kerk en staat respectvol en kritisch op elkaar betrokken houden, wordt er niet minder noodzakelijk en betekenisvol door.

Psalm 72a

---

## **1 mei** | donderdag

*Roeping* Deuteronomium 18:1-8

De grote pastorieën annex soms grote lappen grond die het Nederlandse landschap karakteristiek maken, vinden hun achtergrond in ons bijbelgedeelte.

De Levieten zijn priesters die geen eigendom hebben. De gemeenschap houdt hen materieel in ere. Zij krijgen een deel van het reine offervlees. Het eerste en beste deel van de oogst is voor de Levieten; grondeigenaars zijn ze niet!

Daarin schuilt het idee dat grond bindt en ongeschikt kan maken voor roeping. De Levieten moeten zich beschikbaar houden voor de roep om op een andere plek de Eeuwige te dienen. Ook daar zullen ze op dezelfde wijze voor hun geestelijke arbeid materieel beloond worden.

Veel is er nu veranderd. Gebleven is het principe. Een pastoor, predikant of geestelijke heeft een opdracht die 'onbetaalbaar' is: het in ongebonden vrijheid bedienen van woord en sacrament blijft daarbij gewenst.

Lied 345

## **2 mei** | vrijdag

*Geschonken land* Deuteronomium 18:9-22

Er is veel te zeggen, over het land Israël, over de staat. Het leidt tot verhitte discussies, dikwijls uitmondend in antisemitisme. Het is goed te beseffen dat ons schriftgedeelte duidelijk maakt dat het land wordt geschonken. Het geschonken land wordt bewoond door mensen die weet hebben van de schenker. Ze offeren geen kinderen. Waarzeggers en toekomstvoorspellers, complotdenkers die beloften kunnen ondermijnen, horen in dat land niet meer thuis. De focus boven alles is God als de schenker. Hiervan is het volk dagelijks doordrongen.

Als Mozes dood is, wie zal hen dan herinneren aan de schenker? Er zal altijd een mens zijn die namens God spreekt. De toets is dat de profeet de waarheid spreekt. Zijn woorden zullen uitkomen, zo niet, dan is hij een valse profeet. Je herkent de ernst: ‘Waarom, o volk van Israël, waarom is God niet meer in tel?’

Lied 177

---

## **3 mei** | zaterdag

*De deur* Johannes 10:1-10

Elke deur in ons huis heeft betekenis. De deur van de badkamer, die van de studeerkamer, de voordeur, de kelder. Je weet wat erachter is. Ook in de Bijbel komt de deur vaak voor. Van de deur in de ark van Noach tot de deur naar de voorhof van de tempel. Voorhof is in het Grieks *aula*. We kennen de aula van school en crematorium. Ook hier roept de deur associaties op. Achter de deur kom je tegen wie of wat je kent of verwacht.

Bij Johannes heeft de schaapskooi de betekenis van de aula van de tempel. Daar bevindt zich het volk dat God kent. Jezus voegt daaraan toe: ‘Ik ben de deur.’ Hij is de goede herder voor Israël én voor de mensen die de stem van God nog niet hoorden. Zo wordt hij ‘tussendeur’ tussen Israël en de volken. Nog altijd bestaan daarover grote vragen.

Lied 975

## Bij de uitgang

Geef ons, o Heer,
dat de oren die U hebben horen prijzen
gesloten zullen zijn voor de stem van haat en nijd,
dat de ogen die uw grote liefde hebben gezien
ook uw toekomst zullen aanschouwen,
dat de tongen die U de lof hebben toegezongen
voortaan getuigen zullen van de waarheid,
dat de voeten die in uw huis hebben gestaan
voortaan zullen gaan op de wegen van het licht,
dat de handen die uw gaven hebben ontvangen
zich zullen openen voor allen die wachten op liefde,
want zo danken wij U voor uw grote goedheid.

*naar de liturgie van de Thomaschristenen*

*In het huis van de Levende*, W.R. van der Zee, Boekencentrum, Zoetermeer 1998, p. 162

---

## **4 mei** | zondag

DODENHERDENKING

*Stilte*

Johannes 10:11-21

De vierde mei staat in het teken van een foute herder die tachtig jaar geleden is ontmaskerd als een wolf. Hij joeg de schapen uiteen. Een deel van zijn volk luisterde naar zijn stem, voor hen was hij de leider. Voor anderen die niet in zijn stal pasten, waaronder de Joden, was hij een huurling van het kwaad. Altijd weer het wolf-huurlingen-fenomeen: op het kritieke moment de schapen verlaten. Terwijl de goede herder zegt: 'Ik ken mijn schapen en mijn schapen kennen Mij, zoals de Vader Mij kent.' Jezus als de goede herder en de Vader zijn één. In het boek Ezechiël wordt God zelf de goede herder genoemd. Dat beeld van de herder is volledig op Jezus afgestraald. Wie op zijn werken let, zal dat herkennen. Hij geeft zijn leven voor de schapen. Daar word je op 4 mei stil van.

Lied 609

## **5 mei** | maandag

BEVRIJDINGSDAG

*Andere verwachting* Johannes 10:22-30

Het feest van de Tempelwijding duurt acht dagen en herinnert aan de her-inwijding van de Tweede Tempel, die door de Grieken met een beeld van Zeus onteerd was. Het is een familiefeest waarin de menora, achtarmige kandelaar, centraal staat. Het tempelfeest krijgt daarmee een religieus-cultureel karakter.

Het is niet vreemd dat men Jezus vraagt of Hij écht de messias is. Voor de Joden van die dagen brengt de messias ook politieke bevrijding. Jezus' antwoord zal teleurstellend zijn geweest. Ze hebben Hem op diverse momenten en plekken bezig gezien en dán nog deze vraag? Het is als met onszelf: we zouden het zo graag anders zien, maar kunnen beter weten. Jezus vertelt opnieuw dat men bij Hem moet denken aan het één-zijn met zijn Vader. God laat niet varen wat zijn hand begonnen is. Wie Jezus bezig heeft gezien, stelt zijn ál te menselijke verwachting over vrijheid bij.

Lied 611

---

## **6 mei** | dinsdag

*Fanatiek* Johannes 10:31-42

Fanatisme in geloofskwesties is van alle tijden, voorbeelden genoeg. Jezus stelt klaar en helder: 'Als wat Ik doe niet van mijn Vader komt, geloof Me dan niet, maar als dat wél het geval is en toch gelooft u Mij niet, geloof dan tenminste wat Ik doe.' De stenenwerpers willen zich niet laten overtuigen. Als woorden en daden niet overtuigen, dan komt het kruis in zicht. Dat zal op den duur overtuigen.

Is het angst dat mensen zich niet laten overtuigen? Ze stenigen Hem die geen angst heeft, maar in waarheid met zijn Vader leeft en op Hem vertrouwt als Hij sterft en zijn leven aflegt. Mahalia Jackson zei in 1963 tegen Martin Luther King tijdens de protestmars in Washington: 'Zeg wat je moet zeggen.' Hij vertelde zijn droom voor blank en zwart, en ze zongen *We shall overcome*. De stenen bleven liggen.

Lied 928

## **7 mei** | woensdag

*Samenzang* Psalm 100

'Praise'. In sommige delen van de christelijke kerk zijn praisediensten zeer geliefd: een zingende geloofsgemeenschap, ondersteund door een organist die vol op het orgel gaat, of een band die zorgt dat je niet aan je stoel blijft plakken. De aarzelende enkeling wordt uitgenodigd mee te zingen, boven zijn eigen sores uit.

Zulk enthousiasme kan de buitenstaander vreemd overkomen. Zo mooi is het leven vaak niet, zie je hem denken. Dikwijls zijn het de onderdrukten, waar de lofzang mensen helpt de moed erin te houden en samen te erkennen dat God ons heeft gemaakt, dat je behoort tot een volk, een kudde, die Hij weidt. Denk aan het ontstaan van de meeste spirituals.

Het beeld van de goede herder duikt ook in deze psalm op. Eens zal heel de aarde meezingen. Natuurlijk het is toekomstmuziek, maar deze psalm, gezongen bij een dankoffer, laat de toekomst alvast beginnen. Samenzang is geen zwanenzang.

Lied 273

---

## **8 mei** | donderdag

*Aanbidding* Johannes 4:1-26

Aangenomen wordt dat het Johannesevangelie vanuit Pasen is geschreven. Dat zou betekenen dat de doorwerking van de opgestane Heer wordt beschreven binnen het Jodendom van Jezus' dagen en daarbuiten. Een Samaritaanse vrouw staat model voor die doorwerking.

Samaritanen hebben een eigen versie van de Thora. Deze vrouw weet volgens de wet, ook haar wet, dat vijf mannen 'te veel' is van het goede. De ontmoeting met Jezus bij de bron vernieuwt haar bestaan. Het fysieke water wordt een bron van geestelijk leven. Haar leven staat niet langer in het teken van veroordeling. Haar Samaritaanse verleden vormt geen barrière voor deze Joodse profeet. Ze mag er zijn, nu er in deze man bij de bron een ander licht op het godsdienstige verleden valt. Aanbidding is voortaan niet meer gebonden aan één traditie of locatie. De Vader in Geest en waarheid aanbidden kan overal. Een messiaans scenario.

Lied 188

## **9 mei** | vrijdag

*Eropuit* Johannes 4:27-42

Het leven van deze Samaritaanse vrouw is compleet veranderd. Ze gaat eropuit om dat te delen met andere mensen van haar volk. Die zullen later zeggen dat ze tot geloof zijn gekomen, niet omdat hun volksgenote het heeft gezegd. Ze hebben zelf in de ontmoeting met Hem, de redder van de wereld ontmoet.

Ook de leerlingen worden eropuit gestuurd. Jezus heeft hun een uitleg gegeven van wat de werkelijke voeding is: de wil doen van Hem die Jezus gezonden heeft. Die wil je je eigen maken, is het programma voor de rest van het leven. 'Uw wil geschiede', zal zelfs aan het kruis nog klinken.

De missie van de Samaritaanse vrouw wordt beloond met een rijke oogst. Hoe opmerkelijk is het dat de wegzending van de leerlingen zonder resultaat lijkt te blijven. De velden zijn wit om te oogsten, verrassend dat de Samaritaanse dat het eerste ziet.

Lied 714

---

## **10 mei** | zaterdag

*Opnieuw een vreemde* Johannes 4:43-54

Opnieuw een vreemde, niet-Joodse persoon, die meetrekt in Jezus' geloofsbeweging. In Galilea, ver van Jeruzalem, dat zijn plaats als geloofscentrum lijkt te verliezen. Na de Samaritaanse vrouw meldt zich een hoveling, behorend tot de koninklijke elite in dienst van Herodes. Nota bene! Maar als je kind ziek is, zoek je allerwegen genezing. Jezus wordt verzocht mee te gaan naar het huis van deze man. Aan Jezus' voorbehoud heeft hij geen boodschap, hij gelooft Jezus op zijn woord. Jezus proeft de zorg en de liefde van de vader en komt terug op zijn voorbehoud. 'Ga naar huis, uw zoon leeft.' Op de terugweg komen zijn dienaren hem tegemoet. De zoon leeft.

Het was op de derde dag op het zevende uur, het uur waarop de tijd vol is.

Opnieuw een wonder in Kana in Galilea. Nu in het leven van iemand die niet tot Jezus' binnencirkel behoorde.

Lied 942:1,3

‘De vroege zondagmorgen is nog steeds tijd waarin de stilte in de straat hangt en waarin soms het geluid van een kerkklok klinkt. De ruis van de week wordt voor een moment onderbroken, en op het scharnier in de tijd van de vroege eerste dag wordt een vrede geraden die tot aanbidden roept.’

Arjan Plaisier, *Zorg voor de ziel*, KokBoekencentrum, Utrecht 2020, p. 18

---

## **11 mei** | zondag

*Eenzaam* Johannes 5:1-13

De man uit Betzata heeft niemand om hem te helpen. Dat zegt hij, wanneer Jezus hem vraagt of hij gezond wil worden. Er zijn genoeg mensen om hem heen. Het bad bij de Schaapspoort is beroemd. Er komen dagelijks veel mensen. Toch heeft de man die al achtendertig jaar ziek is, geen mens.
Er spreekt veel eenzaamheid uit dit verhaal. De man is alleen te midden van velen. Dat maakt hem ziek. Dat beperkt zijn leven.
Gelukkig komt Jezus op zijn pad. Hij moedigt hem aan: Sta op, ga lopen. Jezus helpt hem niet het water in. Jezus beklaagt hem niet om zijn ziekte. Jezus zoekt zelfs niet een ander om hem te gaan helpen. Hij geeft een simpele opdracht: Ga op je voeten staan. Ga leven. De man staat op en gaat. Er is iemand die in hem gelooft, nu kan hij geloven in zichzelf.

Lied 317:1,2,3

## **12 mei** | maandag

*Zo vader, zo zoon* Johannes 5:14-29

De woorden en daden van Jezus roepen ergernis op bij de mensen die het voor het zeggen hadden. Vooral bij de geestelijke leiders. Jezus maakt geen verschil tussen zichzelf en God. Zo vader, zo zoon, zo klinkt het telkens weer in het Evangelie van Johannes. De geestelijke leiders hebben altijd geleerd dat je je als mens niet op één lijn mag zetten met God. Dat is hoogmoed. Dat is ketterij. Daar hebben ze ook gelijk in. Vertrouw nooit iemand die zegt dat God hetzelfde vindt als hij. Wie zichzelf vergoddelijkt, heeft doorgaans niet het beste met de mensen voor. Het vraagt moed en onderscheidingsvermogen om te zien dat Jezus niet zomaar een profeet is die doordraaft. Je moet goed willen kijken om het te zien: zijn liefde is Gods liefde, zijn oordeel is genade, zijn macht is dienstbaarheid. Wie Hem gezien heeft, heeft de Vader gezien.

Lied 445:1,4

---

## **13 mei** | dinsdag

*Liefde en oordeel* Johannes 5:30-47

Het gesprek tussen Jezus en de schriftgeleerden wordt persoonlijk. Jezus voelt dat Hij niet wordt geloofd en geaccepteerd door de mensen die zeggen dat ze God dienen. Dat maakt Hem kwaad. Logisch. De kritiek van Jezus lijkt op de kritiek die veel mensen hebben op de kerk. 'Ze zeggen dat God liefde is, maar moet je eens kijken hoe ze zelf met elkaar omgaan.' Die kritiek is vaak terecht.
Liefde kan veel hebben, maar bezwijkt onder oordeel en wantrouwen. Toch is het moeilijk om het oordeel los te laten. Het is moeilijk om van je overtuigingen af te stappen. Dat zien we aan die schriftgeleerden. Jezus doorbreekt hun beeld van wie God is, van hoe geloven hoort, van wat de traditie zegt. Hun reactie is er een van oordeel: dit kan niet deugen. Uit angst hun zekerheid te verliezen, verliezen ze de liefde.

Lied 941:1,2,3,4

## **14 mei** | woensdag

*Goed gezelschap* Handelingen 15:36–16:10

Je kunt niet met iedereen op reis. Het moet wel een beetje klikken. Als de een heel avontuurlijk is, maar de ander heeft het liefst alles van tevoren geregeld, dan wringt dat. Als je zelf graag veel wilt bekijken en bezoeken in een ander land, maar je reisgenoot wil vooral uitrusten en aan het strand liggen, dan moet je wel heel goede afspraken maken. Je kunt het beste samen reizen met iemand die een beetje op je lijkt. Iemand die hetzelfde ritme heeft van slapen en opstaan, van eten en drinken.

Zo alledaags is het ook met de zendingsreizen van Paulus. Hij heeft reisgenoten, maar niet iedereen is even geschikt. De schrijver van Handelingen draait er niet omheen: die Johannes Marcus, met hem klikte het helemaal niet. Het is maar beter dat die nooit meer met Paulus meegaat. Ook een apostel is maar een mens.

Lied 646:1,2,3,4

---

## **15 mei** | donderdag

*Gevaar voor eigen leven* Handelingen 16:11-24

De bevrijders worden gevangengenomen. Dat is de omkering in het verhaal van Paulus en Silas. Ze bevrijden een jonge vrouw van een slavenbestaan. Ze wordt uitgebuit en misbruikt door mannen die geld verdienen aan haar ongeluk. Paulus en Silas geven in de naam van Jezus deze vrouw haar menselijkheid terug. Maar de raderen van de macht draaien. Door valse beschuldigingen en verdraaiing van de waarheid belanden ze in de gevangenis.

Werken in dienst van goedheid, waarheid en liefde is niet zonder risico. Hulporganisaties, klokkenluiders, dissidente denkers van alle tijden ervaren dat aan den lijve, ook in de wereld van vandaag. Vaak worden ze bestreden, gevangengezet, geïntimideerd, en niet zelden zijn ze hun leven niet zeker. Toch gaan ze door, als lichtpuntjes in een wereld van donker. Ons gebed is bij hen die in gevaarlijke omstandigheden het goede niet opgeven.

Lied 1009

## **16 mei** | vrijdag

*Gevangen en toch vrij* Handelingen 16:25-34

Paulus en Silas zitten in de gevangenis. Maar innerlijk zijn ze vrij. Ze bidden en zingen, alsof ze in hun eigen huis zijn. Deze vorm van geestkracht maakt indruk. Het doet denken aan Nelson Mandela, die na zijn jarenlange opsluiting in Robbeneiland ongebroken en zonder wraakgevoelens zich opnieuw inzette voor verzoening en vrede. Het doet denken aan Aleksej Navalny, die in het strafkamp in Siberië bemoedigende woorden bleef spreken die via zijn advocaten de wereld bereikten. Het voorbeeld van Paulus en Silas werkt aanstekelijk. De gevangenbewaarder, de andere gevangenen, ze raken geïnspireerd. Er worden zaadjes gezaaid van menselijkheid, mildheid en genade. Er komt een beweging op gang die niet langer de dood dient, maar het leven. Angst verandert in vertrouwen. Het is soms maar een kleine glimp van licht, maar het doorbreekt de macht van het duister.

Lied 286:1,2,3

---

## **17 mei** | zaterdag

*Burgerschap* Handelingen 16:35-40

Het is een onderdeel van het onderwijs tegenwoordig: burgerschap. Het is belangrijk dat kinderen leren dat ze deel uitmaken van een groter geheel. Een maatschappij, een gemeenschap. Want niemand leeft voor zichzelf. Je bent ook verantwoordelijk voor je omgeving en hebt daar een stem en een rol.

Paulus weet dat heel goed. Hij beroept zich op zijn burgerschap van het grote Romeinse Rijk. Hij toont zich verantwoordelijk, en hij doet daarmee een beroep op de bestuurders om zich ook verantwoordelijk te gedragen. Paulus gelooft in wederzijds respect en verantwoordelijkheid. Je hebt een stem en gebruikt die ook. Dan mag je ook verwachten dat ernaar wordt geluisterd. In dit verhaal moeten de bestuurders wel gaan bewegen. Dat kan inspirerend zijn voor hoe je jezelf opstelt in de gemeenschap waarin je leeft. Het begint ermee dat je elkaars waarde erkent. Dan kan er veel gebeuren.

Lied 981:1,2,5

‘Als zelfs op het allerkleinste
bloemetje licht valt,
dwars door het volle dak
van bladeren heen,
dan houd ik hoop,
dat het donkerste onrecht
gezien wordt.
Kyrie eleison!’

Janneke Nijboer, Op *vleugels van verwondering*, KokBoekencentrum, Utrecht 2023, p. 84

---

## **18 mei** | zondag

*Blijf zingen!* Psalm 71

Dit is een psalm van een oude dichter. Het oud worden valt hem niet gemakkelijk. Hij benoemt zijn ouderdomskwalen als vijanden. Zijn krachten worden minder, zijn haren zijn grijs geworden. Hij is niet meer de man van zijn jeugd, zelfverzekerd, vast in geloof. Hij voelt zich kwetsbaar, alsof zijn vijand, de dood, op de loer ligt om hem te grijpen.
Hoe herkenbaar zijn deze woorden? Er wordt veel gesproken over waardig oud worden en positieve gezondheid, ook als je lichamelijk zwakker wordt. Maar dat neemt niet weg dat je kunt rouwen over wat je verliest, aan kracht, aan levenslust, aan veerkracht.
Maar één ding blijft over: de oude dichter kan nog steeds zingen. Hij kan nog spelen op de harp. Als hij zingt, vergeet hij hoezeer hij piept en kraakt. Zolang hij adem heeft, kan hij zijn kracht vinden in een lied.

Lied 657

## **19 mei** | maandag

*Stenen gooien* Johannes 8:1-11

Mensen staan vaak klaar met stenen in hun hand. Elke steen is een oordeel over een ander. En dat oordelen is makkelijk gedaan. Stenen liggen er voor het oprapen. De ander zit verkeerd, denkt verkeerd, handelt verkeerd, gedraagt zich verkeerd. Probeer er maar eens op te letten hoe vaak op een dag je iets vindt van een ander. Je zult ervan schrikken.
Jezus' tegengif tegen al dat oordeel is empathie. Hij daagt je uit je te verplaatsen in de ander. Hij nodigt je uit de ander te zien als jezelf. Jij hebt een steen in je hand? Vraag voordat je hem gooit jezelf eens af: zou de ander ook een steen naar mij kunnen gooien? Wie oordeelt, maakt zich groter dan de ander. Wie naast de ander staat, en in haar of hem een medemens herkent, laat de stenen vallen.

Lied 992:1,2,3,4

---

## **20 mei** | dinsdag

*Niet voor zoete koek* Johannes 8:12-24

Jezus' twistgesprekken met de schriftgeleerden zijn lastig. Wij staan als hoorders automatisch aan de kant van Jezus. Hij heeft gelijk, omdat Hij Jezus is. Maar als je er vanuit een neutraal standpunt naar kijkt, is er voor het standpunt van de schriftgeleerden ook wel wat te zeggen. Jezus doet nogal radicale uitspraken. Daarom is het best begrijpelijk dat de schriftgeleerden dat niet zomaar geloven. Ze vragen om bewijs. Ze vragen om onderbouwing. Ze nemen niet zomaar aan dat hier een nieuwe verlosser is opgestaan.
Dat is een goede kritische houding. In onze wereld zijn er ook mensen die beweren dat zij als enige het land, de wereld kunnen redden. Vaak met een radicale en onverdraagzame boodschap. Je zou wensen dat mensen daar met net zo veel argwaan op zouden reageren. Van de schriftgeleerden is er dus zeker wel iets te leren!

Lied 858

## **21 mei** | woensdag

Niet vergeten Johannes 8:25-36

Wie weet wat het is om tot slaaf gemaakt te zijn? De toehoorders van Jezus blijkbaar niet. 'Wij zijn nakomelingen van Abraham,' zeggen ze, 'wij zijn nooit iemands slaaf geweest.' Wonderlijk. Want de Bijbel vertelt hoe het volk wel degelijk tot slaaf gemaakt is in Egypte. De herdenking van de uittocht uit deze slavernij is nog steeds de belangrijkste Joodse feestdag.

Er spreekt een fiere, zelfbewuste levenshouding uit deze woorden. Toch zegt Jezus: als je dit zegt, ken je jezelf niet goed.

De herdenking van de bevrijding moet je eraan herinneren dat leven als vrije mensen iets betekent. Het verplicht je om je in te zetten voor het goede. Het verplicht je om niet anderen aan te doen waarvan je zelf bevrijd bent. Jezus spreekt grote woorden: slaaf van de zonde ben je. Misschien betekent dat wel: niet willen weten waar je zelf vandaan komt.

Psalm 78:1,14

---

## **22 mei** | donderdag

Waarheid Johannes 8:37-47

Het is actueler dan ooit, de vraag naar de waarheid. Wij leven in een wereld waarin nepnieuws nauwelijks meer is te onderscheiden van echt nieuws. Meningen zijn vaak belangrijker dan feiten, en zelfs foto's laten niet meer de werkelijkheid zien, maar worden gemanipuleerd.

Dit is onrustbarend. Wie kun je nog vertrouwen? Waar vind je houvast, als alles onbetrouwbaar kan zijn?

Goed onderscheiden tussen waarheid en leugen is belangrijk. In het gesprek van Jezus klinkt een echo door van het begin van de Bijbel: de slang in het paradijs. Hij verdraaide de woorden van God. Met als gevolg dat het paradijs verloren ging. Daarom is Jezus zo fel op het onderscheiden van waarheid en leugen. Daarin mag je geen water bij de wijn doen. Want zelfs een klein beetje leugen maakt de waarheid troebel, en dat gaat ten koste van mensen. Altijd.

Lied 313:1,3

## **23 mei** | vrijdag

*Abraham zien* Johannes 8:48-59

In deze passage komen we de bron tegen van het spreekwoord: Abraham zien. Dat betekent in onze tijd eigenlijk niets meer dan vijftig jaar worden. Soms wordt er dan een pop in de tuin gezet. Vroeger kwam er ook nog weleens een versierde koek aan te pas.
In vroegere tijden betekende het spreekwoord net iets anders. Wie Abraham had gezien, was vijftig jaar én nog ongetrouwd. Op die manier stond het in de *Dikke van Dale* sinds 1898. Misschien is dit terug te voeren op de gedachte dat Jezus niet getrouwd was. In ieder geval leeft dit vers uit het evangelie voort in onze taal, ook al betekent het nu alleen nog maar dat iemand vijftig jaar wordt.
Voor vrouwen is er ook de uitdrukking 'Sara gezien hebben'. Dit is waarschijnlijk bedacht om een vrouwelijke tegenhanger te hebben voor het spreekwoord. Sara was per slot de vrouw van Abraham.

Lied 868:1,5

---

## **24 mei** | zaterdag

Modder Johannes 9:1-12

De blinde man in het verhaal wordt genezen. Maar het lijkt alsof zijn lot eerst erger wordt. Jezus smeert modder op zijn ogen. Hoe moet dat genezing brengen?
Misschien heeft die modder iets te maken met het begin van het verhaal. De leerlingen vragen zich af waarom de man blind is. Is het zijn eigen schuld of die van zijn ouders? De leerlingen beginnen dus met modder te gooien. Ze besmeuren deze man, die langs de kant van de weg zit. Alsof hij niet genoeg beperkt wordt, schuiven ze hem ook nog eens de verantwoordelijkheid voor zijn lot in de schoenen.
Jezus wijst dit radicaal van de hand. 'Ga je wassen in het badhuis van de gezondene,' zegt Hij. Prachtig. In het huis van Jezus, door God gezonden, mag alle modder die aan je kleeft weggewassen worden. Daar word je weer mens van!

Lied 534:1

‘Ik zegen je met Gods licht
waarin alle kleuren samensmelten
en wij thuiskomen in wie wij zijn.’

Janneke Nijboer, *Op vleugels van verwondering*, KokBoekencentrum, Utrecht 2023, p. 40

---

## **25 mei** | zondag

*Wat is sabbat* Johannes 9:13-23

Er is nogal eens wat te doen over de sabbatsrust. Jezus geneest, maar in de uitleg van de schriftgeleerden is dat in strijd met het gebod om de sabbat te respecteren. Dit gebod gaat terug op de schepping. God rustte op de zevende dag, toen al wat Hij gemaakt had zeer goed was. De mens mag God volgen in die rust. Dus op de sabbat maak je niks. Geen eten, geen vuur, zelfs geen licht.

Is wat Jezus doet dan in strijd met de sabbatsrust? Ik geloof dat Jezus zijn helende aanwezigheid niet als werk heeft beschouwd. Hij zet mensen op hun voeten en in hun kracht. Hij zorgt ervoor dat mensen zichzelf weer kunnen zien als Gods goede schepping. Omdat Hij hen zo ziet en zo benadert. Dat is geen werk, maar een levenshouding. Daarvan rust Jezus nooit.

Lied 612

## **26 mei** | maandag

*Inzicht* Johannes 9:24-41

In de Bijbel kom je nogal eens een omkering tegen. De dwaas blijkt wijs te zijn, wie klein is, verslaat de reus. En hier blijkt de blindgeboren man over meer inzicht te beschikken dan de schriftgeleerden. Zij tuinen met open ogen in de valkuil van hun vastgeroeste denken. Het is een uitdaging om met open ogen in de wereld te staan. Veel mensen leven met oogkleppen op. Ze zien niet meer dan wat ze al kennen. Alles wat daar buiten valt, bestaat niet, of is niet interessant. Tegenwoordig noemen we dat: in je eigen bubbel leven.
Hoe kom je uit die bubbel? In de Bijbel is daar vaak een ontmoeting voor nodig. In de ontmoeting met Jezus, met een naaste, worden ogen geopend en gaan zekerheden aan het schuiven. Gelukkig wie daarvoor openstaat!

Lied 978:1,4

---

## **27 mei** | dinsdag

*Levenslied* Psalm 56

Deze psalm heeft een refrein: 'Op God vertrouw ik, angst ken ik niet. Wat kan een mens mij aandoen?' Het is echt een lied, met coupletten. In die coupletten kent de dichter wel degelijk angst. Hij rept over vijanden, hij zit duidelijk in het nauw. Maar in het refrein wordt alles opgetild. Het lied van het leven heeft vaak dezelfde structuur. In de coupletten maken mensen van alles mee aan goed en kwaad, aan lief en leed. Er zijn coupletten in het lied van ieders leven die inktzwart zijn. Omdat er veel verdriet is, omdat er grote zorgen zijn. Omdat het niet wil en alles zwaar valt. Hoe kostbaar is het dan als in het refrein er dan toch vertrouwen kan klinken. Misschien moet je dat soms zingen tegen de klippen op. Maar dat maakt het niet minder waar.

Psalm 56

## **28 mei** | woensdag

*Krijgslied* Psalm 110

In deze psalm is de vredevorst David ver weg. Het lijkt meer een psalm voor een generaal, midden in oorlogstijd. Dit lied is een soort peptalk, een hart onder de riem voor een vermoeide legeraanvoerder. Het gaat er dan ook niet zachtzinnig aan toe.
De dichter is een krijger. Hij strijdt voor de goede zaak. Maar de vijanden zijn met veel. En hij is vermoeid van de lange strijd en misschien wel gewond. Toch moet hij verder.
Blijkbaar heeft hij de verzekering nodig dat God ten strijde trekt. Hij moet weten dat de Heer zelf korte metten maakt met de vijand.
Dit beeld van God is moeilijk te verteren. Wat moet je ermee, er is immers al genoeg geweld in de wereld? Toch zal het David troost hebben gegeven. Hij staat niet alleen in zijn strijd tegen het kwaad. God zal hem nieuwe kracht geven.

Psalm 110

---

## **29 mei** | donderdag HEMELVAARTSDAG

Zegen Lucas 24:36-53

Bij Lucas vallen Pasen, hemelvaart en Pinksteren op één dag. De leerlingen zien de opgestane Christus in hun midden, ze zien Hem ten hemel varen en ze worden vervuld met vreugde.
Een kernwoord in dit alles is zegen. De leerlingen worden met vrede gegroet en gezegend door Jezus. Dat is een prachtig slot van het evangelie. De weg door de wereld als gelovige volgeling is een weg waar zegen op rust.
Zegenen is in het Latijn *benedicere*. Dat betekent letterlijk: het goede over iemand spreken. Wanneer je niet weet hoe dat precies moet, Jezus volgen, is dat een mooi uitgangspunt. Ga maar gewoon zegenen. Treed mensen tegemoet met goede woorden. Denk en spreek het goede, in plaats van boos, wantrouwend of met leedvermaak tegenover anderen te staan. Dat is niet altijd simpel, maar je kunt het oefenen. Maak van Hemelvaartsdag eens complimentendag. Woorden van zegen doen iedereen goed.

Lied 667

## **30 mei** | vrijdag

*Van God is de aarde* Psalm 108

In de Bijbel is er een diep besef dat de aarde in principe aan God toebehoort. Mensen wonen erop. Mensen vechten erom. Maar uiteindelijk zijn mensen niet de eigenaars van de wereld. Dat is God.

Dat is een belangrijke gedachte. Zelf ben ik vrijwilliger in een grote natuurtuin. Die grond is niet van mij. Ik werk er alleen maar in. Ik help met de oogst en zorg voor de planten. Het zware werk hoef ik niet te doen. Ik houd van die plek en zet mij er met hart en ziel voor in. Zo kun je ook naar de wereld kijken en de aarde. Je mag ervoor zorgen. Ze geeft vruchten en grondstoffen, een plek om te wonen en schoonheid om van te genieten. Het groot onderhoud laten we aan God over. Maar verder doe je je best om mee te werken ten goede.

Lied 210:1,3

---

## **31 mei** | zaterdag

*De Joden in Berea waren vriendelijker* Handelingen 17:1-15

Een van de geestelijke oefeningen die mijn moeder me leerde, was vriendelijkheid. Ze toonde beginnende tekenen van dementie. Toen het eens haperde in het contact tussen ons, merkte ik hoe negatief dat uitwerkte. Ik nam toen een besluit: het beste medicijn voor haar, maar niet minder voor mijzelf, is vriendelijkheid. Het werkte wonderwel. Paulus en zijn vrienden zijn er ook gevoelig voor. Als ze in Tessalonica komen, hebben ze nog niet door dat ze niet hartelijk ontvangen worden. Pas als ze in Berea in de synagoge komen en daar allervriendelijkst ontvangen worden, beseffen ze hoe het daar was. 'Een vriendelijk woord is een korf vol honing, zoet voor de ziel en gezond voor het lichaam.' Het woord dat vertaald wordt met 'vriendelijk of welwillend' betekent ook 'edel'. Vriendelijkheid en edel zijn, een pracht woordpaar om je toe te eigenen.

Lied 245

Er is in alle dingen een onuitputtelijke zoetheid en zuiverheid, een stilte die een bron van activiteit en vreugde vormt. Het welt op in woordeloze vriendelijkheid en stroomt uit naar mij vanuit de ongeziene wortels van alle geschapen wezens, mij teder verwelkomend, mij groetend met een onbeschrijfelijke nederigheid.

Thomas Merton

---

## **1 juni** | zondag

*Want in Hem leven wij, bewegen wij en zijn wij*

Handelingen 17:16-34

Paulus is een taalkunstenaar en voelt haarfijn aan welke woorden weerklank vinden. Als hij aan de Grieken laat weten dat hij hun meer kan vertellen over die onbekende God in hun godengalerij, dan vertelt hij dat deze God niet door mensen bedacht is, maar dat wij mensen uit Hem voortkomen. Hij maakt de Grieken ook nieuwsgierig, door te beweren dat die onbekende God dicht bij ons is. En dan, dan verwoordt hij dat nog eens in hun bekende taal, 'want in Hem bewegen wij en zijn wij'. Die regel is mogelijk ontleend aan de dichter Epimenides. Zo komt deze voor Paulus' hoorders tot nu toe onbekende God echt dichtbij. Want wij bewegen ons in God zoals we ons in een ruimte bewegen. 'We zijn in God, zoals een vis in het water zwemt,' hoorde ik theoloog Marcus Borg eens zeggen.

Lied 825

## **2 juni** | maandag

*Wees niet bang, maar blijf spreken, zwijg niet!* Handelingen 18:1-11
Paulus loopt weer eens tegen weerstand aan, met zijn overtuiging dat Jezus de messias is. Die weerstand ondervindt hij in de synagoge. Ze beschimpen hem. Paulus lijkt dat laconiek op te vatten. Hij schudt het stof van zijn voeten. Dan wordt het nacht en krijgt hij in een visioen een stem te horen die hem op het hart drukt om niet te vrezen, maar om te spreken. Ja, in de nacht. In de nacht lijkt het in Paulus te gaan spoken en wordt hij bang. Zo kan dat gaan als je op bed ligt en wilt slapen, maar gedachten en angst je bespringen. Nacht staat in de Bijbel vaak voor 'geen vertrouwen hebben', 'bang zijn'. In een nachtgezicht of visioen raakt hij vrij van vrees. Het lezen van een psalm of een brief van Paulus kan die verandering ook in ons bewerkstelligen.

Lied 678

---

## **3 juni** | dinsdag

*Deo Volente* Handelingen 18:12-22
Deo Volente, we kennen de afkorting D.V. Ze prijkte vroeger onder andere op trouwkaarten, waarop het voornemen om te trouwen aan familie en vrienden bekend werd gemaakt. 'Als God het wil.' Paulus gebruikt het ook meer dan eens. Hij heeft een eigen missie, maar weet uit ervaring dat de heilige Geest of God soms een alternatief plan lijkt te hebben, en de bekeerde Paulus laat zich daardoor leiden. Als hij aankomt in Efeze willen de Joden van de synagoge aldaar graag dat hij langer blijft. Dat kan Paulus niet toezeggen, omdat hij zich laat leiden door Gods wil. Zo leert Jezus het ons ook in het Onze Vader: niet mijn wil, maar uw wil geschiede. Het lezen van de Bijbel, het luisteren naar ons diepere zelf en naar de ander kunnen ons op het spoor brengen van Gods leiding.

Lied 1006

## **4 juni** | woensdag

*Veilig-zijn* Psalm 61

De bidder uit de psalm verkeert in vertwijfeling. Hij verblijft in den vreemde en ervaart vervreemding. Ook geestelijk is hij ver heen, is hij een aan lagerwal geraakte ziel. De bidder verlangt naar een veilige plek waar hij zich beschut kan weten. Hij kent die plek van vroeger, toen God hem bij zich nam. Daar verlangt hij weer te wonen bij God, in zijn tent. 'Schuilen waar mij uw vleugels beschutten,' dichtten Ida Gerhardt en Marie van der Zeyde. In een tijd waarin bij veel mensen het gevoel van onveiligheid toeneemt, zijn deze psalmwoorden als vleugels waaronder je als mens kunt schuilen. Wat is het geheim van deze ervaring van de biddende mens? In het lezen van dit smeekgebed kunnen wij dit zelf beleven, dat smeken ruimte maakt voor loven. Je bange of broze hart vindt kracht in taal die ons met beschuttende vleugels beschermt.

Psalm 62:5,6

---

## **5 juni** | donderdag

*Als de tijd rijp is* Johannes 7:1-13

Wanneer een appel rijp is, pluk je hem zomaar van de boom. Als je moet trekken en draaien om hem los te krijgen, is het te vroeg. Jezus rijpt. Wat is dit voor wonderlijk rijpen? Zijn broers sporen hem aan om mee te gaan naar het Loofhuttenfeest in Judea. Zij willen Hem wellicht graag zien 'shinen', zodat iets van Jezus' glans ook op hen afstraalt. Maar het rijpen van Jezus is een innerlijk rijpen, niet uiterlijk. Jezus luistert naar die rijpende kracht en weet wanneer het moment daar is. Het verrassende van dit partje schitterende johanneïsche vertelkunst is dat Jezus toch gaat, alleen incognito, zodat zijn rijpen ongestoord kan doorgaan. De dichter Rilke weet van dat rijpen als hij schrijft: 'Ook wanneer wij niet willen: God rijpt.'

Lied 654a

## **6 juni** | vrijdag

*Laat je oordeel rechtvaardig zijn* Johannes 7:14-24

Wat betekenen deze woorden van Jezus? Het lijkt zo simpel. 'Als je een oordeelt velt, wees dan eerlijk, eerlijkheid duurt immers het langst.' Er is een maar en dat is, dat wat voor jou eerlijk lijkt, dat voor een ander niet hoeft te zijn. Een oordeel heeft net als de waarheid meer dan één gezicht. Als Jezus ons voorhoudt om ons oordeel rechtvaardig te laten zijn, dan zegt Hij dat we ons niet zelf een oordeel moeten aanmeten, maar dat laten vormen door de Vader die Jezus leidt in een beoordeling van situatie of gedrag. We gaan dit inzien als we van Jezus lezen, dan ervaren we wat God ons leert. Dan kan ons oordeel rechtvaardig zijn. Het woord voor rechtvaardige is in het Hebreeuws *tsaddik*. En dat betekent in het Hebreeuws ook visser. Wonderlijk. God vist ons uit de wereldse en tijdelijk taal, voorbij het oordelen.

Psalm 92

---

## **7 juni** | zaterdag

*Vrijuit spreken* Johannes 7:25-36

Het vrijuit spreken van Jezus is een messiaans vrij spreken. Dat wil zeggen, een angstvrij spreken voorbij de menselijke mores en mechanismen. Onvrij zijn in het spreken speelt mensen parten als ze ten diepste bang zijn voor het oordeel van anderen, bang om afgewezen te worden. Dan ga je je liever bij voorbaat naar de ander voegen. Dat heet pleasen. Mensen die anderen pleasen, voldoen graag aan de verwachtingen van anderen vanuit de behoefte om aardig gevonden te worden, dan ben je over het algemeen conflictvermijdend. Soms heb je dan ook een laag zelfbeeld, of lijd je aan verlatingsangst. Jezus is daar vrij van. Zijn spreken komt voort uit een zich onvoorwaardelijk geliefd weten, door zijn ouders en door zijn hemelse Vader. Vanuit die bedding spreekt Jezus vrij. Er staat hier een woord dat 'openhartig en vrijmoedig' betekent.

Lied 330

God rijpt
Zelfs wanneer we elke diepte zouden afwijzen:
wanneer een gebergte goud bevat
dat niemand nog opgraven wil,
zal eens de rivier het aan het daglicht brengen
die in de stilte der stenen binnendringt,
de krachtige.
Ook wanneer wij niet willen:
God rijpt.

Rainer Maria Rilke

---

## **8 juni** | zondag PINKSTEREN

*Het is de messias* Johannes 7:37-52

In heel het Johannesevangelie gaat het om een diep soort van zien. Zien ze wie deze gestalte is? Het blijkt niet eenvoudig, echt goed zien, ook niet als het om de vraag gaat wie Jezus is. Jezus weet dat. Hij zegt dat wij niet kunnen komen waar Hij is. En daarom kunnen wij ook niet zien wie Hij is. Hij komt van God, God heeft Jezus bewaard. Het echte zien wie Jezus is, begint pas als met ons gebeurt wat met Maria van Magdala gebeurt wanneer ze ziet dat het graf leeg is, en later oog in oog met de tuinman Jezus staat. Hij noemt haar naam, 'Maria'. Zijn stem doet haar zien. Zien dat overgaat in inzien, inzien dat overgaat in ervaren, in vertrouwen, dat is het ervaren van de opgestane messias. Hij is in mij en ik in Hem.

Lied 641

## **9 juni** | maandag

PINKSTEREN

*Is je leven gefundeerd?* Lucas 6:39-49

Voel je grond onder je voeten of sta je op drijfzand? De bijbelse taal antwoordt dat we grond onder onze voeten krijgen als we het woord van Jezus horen en in praktijk brengen. Hoe belangrijk dit is, vertelt Jezus aan de hand van de gelijkenis over een huis dat op zand en een huis dat op rotsgrond is gebouwd. Als het erop aankomt, zul je het verschil aan den lijve ondervinden. In een crisis blijkt hoe stevig je fundament is. Sta je stevig? Kun je tegen een stootje, of zak je bij tegenslag mentaal als een paard door zijn hoeven? Spreuken 24:3 vertelt ons hoe belangrijk wijsheid en verstand in ons leven zijn, want 'door wijsheid wordt een huis gebouwd, door verstand wordt het bevestigd'. Het woord fundament heeft als kern het woord 'geheim', omdat de woorden gegrondvest zijn in God wiens naam diep ondoorgrondelijk is.

Lied 905

---

## **10 juni** | dinsdag

*Ben ik te min* Lucas 7:1-10

De scène speelt zich af in Kafarnaüm, wat in het Hebreeuws 'dorp van de troost' betekent, en in het Grieks 'dorp van het lieflijke'. Iemand van wie je het niet verwacht, brengt troost en liefheid. Het is de overste over honderd, de centurio, Jood noch christen. Hij blijkt geraakt door Jezus' reputatie. Deze centurio is de bescheidenheid zelve. Hij is leidinggevende en hij lijdt. De ziekte van een slaaf raakt hem diep, hij is zeer bezorgd over diens lot. Hij klampt zich aan Jezus en zijn genezend vermogen vast. Het is ook een prachtig tactisch spel, zijn kracht schuilt in zijn oprechtheid en in de nederigheid waarmee deze centurio Jezus benadert. Hij voelt zichzelf te min om Jezus onder ogen te komen. Een woord van Hem is genoeg. Jezus is diep geraakt door zijn vertrouwen. Er is een je te min voelen dat passend is tegenover de genezende kracht van Jezus.

Lied 534

## **11 juni** | woensdag

*Een gestorvene werd uitgedragen* Lucas 7:11-17

Het tafereel ademt een en al tragiek. Een moeder, weduwe, loopt naast de baar waarop haar eniggeboren zoon ligt. De weduwe met haar dode zoon drukt haar uitzichtloze toekomst uit. Bovendien werd dit lot vroeger zomaar geduid als een gevolg van zonde, eigen schuld als vrijbrief voor onverschilligheid. Jezus ziet de vrouw en haar zoon, en het raakt Hem tot in zijn ingewanden. Jezus laat het volstrekte tegendeel van onverschilligheid zien in zijn bewogenheid met haar. Hij raakt de dode jongen aan, zoals Elia bad voor de zoon van de weduwe van Sarefat. Jezus bidt niet voor hem, maar spreekt met het dode kind. En als Hij zegt: 'Jongeman, sta op', dan wekt hij vertrouwen in de toekomst op. Met het teruggeven van de jongen aan zijn moeder geeft Jezus haar het vertrouwen in de toekomst terug. Zo staat ook zij op uit haar ontluisterende leven.

Lied 834

---

## **12 juni** | donderdag

*Verraad* Psalm 52

Verraad krijgt vroeg of laat een gezicht, zo leert ook deze psalm: de Edomiet Doëg verraadt aan Saul de plaats waar David zich schuilhoudt. Saul, de twijfelaar, hoort van Doëg waar de geliefde – dat bekent de naam van David – zit. De naam van de Edomiet wil zoveel zeggen als 'begerige'. Nu kunnen we deze namen beschouwen als horend bij een ver verleden. We kunnen ze ook bidden, want psalmen zijn gebeden. We kunnen de namen lezen als stemmen die ook onszelf leven. En dan opent de psalm zich voor ons geestelijk leven. Dat kan met pijn gepaard gaan, want God zelf breekt in je door – voor eeuwig, staat er – tot in de diepte van je ziel, zodat je 'als een groene olijfboom in het huis van God bent en je vertrouwt op de liefde van God', een liefdesrelatie, verankerd in het eeuwige.

Psalm 52:1,2,3

## **13 juni** | vrijdag

*Ik, Wijsheid* Spreuken 8:1-21

Wat een tekst. Wijsheid komt in persona op ons af en doet een appel op ons. Haar spreken is oprecht, waar en zeer betrouwbaar. Wat doet Wijsheid? Ze haalt ons spreken als het ware door de autowasstraat, en verschoont het waar het vies is. Het gaat hier om hoger goed dan zilver of goud. Wijsheid richt zich tot de enkeling, en tegelijk tot de mensheid. Ik lees dat wij Nederlanders er een leefstijl op na houden die onze aarde vier keer overvraagt. Wijsheid is dus geen luxeartikel voor erbij. Het is de stem die antwoordt op de aarde in nood, op mensen in nood die lijden onder hoogmoed, hebzucht, egocentrisme, leugens en kwaad – zoals vrouwe Wijsheid verzucht. Wat op het spel staat, is het behoud van leven op aarde. Met het oog op de toekomst zouden de leiders op aarde zich door deze stem moeten laten leiden.

Lied 846

---

## **14 juni** | zaterdag

*Ik ben in het begin gemaakt* Spreuken 8:22-36

Wijsheid komt van het Hebreeuwse woord *chochma* en betekent goddelijke bron waaruit een stroom van liefde vloeit. Vanuit die liefde spreekt Wijsheid ook nu. Er is een rabbijnse vertaling van de eerste bijbelwoorden 'In den beginne' die luidt: 'In wijsheid schiep God...' Dat begrijp je als je Spreuken 8 leest, en dan in het bijzonder dit deel. 'Ik was erbij toen Hij de hemel zijn plaats gaf en een cirkel om het water trok.' Wijsheid was deel van de scheppende Godskracht. Als taal een toverstokje is, zoals Leo Vroman ooit zei, dan gebruikt God de taal van Wijsheid om het leven te scheppen. Dankzij Wijsheid schept God orde en onderscheid. Ook wij hebben dat talent, ook wij kunnen in wijsheid dingen van elkaar onderscheiden. En zo op oneindig meer niveaus, opdat alles ruimte krijgt, leefruimte, en alles op eigen wijze leeft.

Lied 849

Op weg naar de wijsheid is de eerste stap stilte; de tweede luisteren; de derde onthouden; de vierde oefenen; de vijfde onderwijzen aan anderen.

Solomon Ibn Gabirol
Joods dichter en filosoof, 1021-1058

---

## **15 juni** | zondag

*Hij wist wat er in een mens omgaat* Johannes 2:23–3:13
En dan krijgt Jezus visite. Degene die hem opzoekt, is een farizeeër, met de veelzeggende naam Nikodemus, 'overwinning van het volk'. Die naam staat haaks op de kaste waar hij bij hoort, de farizeeërs. Die groep zonderde zich juist af van het volk, ze meenden dat zij het beste wisten hoe de Joodse leefregels en de boeken van Mozes nageleefd moesten worden. Zij weten hoe het hoort, maar het is buitenkant. Bij Nikodemus is het vanbinnen nacht. Nacht kan een beeld zijn van een stemming die we nu depressie noemen. In Nikodemus brandt ook verlangen naar innerlijk licht. En hij weet dat in Jezus dat licht schijnt. De leegte en armoe van alleen maar buitenkant kent hij nu wel, die heeft hem niks gebracht. Jezus leert dat als wij uit de Geest geboren worden, wij licht ontvangen dat onze nacht verlicht.

Psalm 68

## **16 juni** | maandag

*Niet om te oordelen* Johannes 3:14-21

Als we een kerk binnengaan, stappen we over een drempel heen, als we aan een kerkdienst beginnen ook. Dat gebed dat we na de eerste groet bidden, heet drempelgebed. Een van die drempelgebeden staat in het door mij tot verslijtens toe gebruikte boekje *Onze hulp*. De eerste regels gaan zo: 'Niet om te oordelen bent U gekomen, maar om te zoeken wat verloren gaat, om te bevrijden die in schuld en angst gevangen zijn, om ons te redden als ons hart ons aanklaagt. Neem ons zoals we hier aanwezig zijn...' Ja, en hoe wij aanwezig zijn, weet ieder mens zelf, en iedere zondag weer treden we dan de werkelijkheid van God binnen. In de heilige ruimte van de liturgie bewegen we ons in de atmosfeer die vrij is van oordeel, die gaat over redding en bevrijding van allen, en daar worden wij licht uit Licht.

Lied 921

---

## **17 juni** | dinsdag

*Hij moet groter worden en ik kleiner* Johannes 3:22-36

Deze zin doet de wereld af als onzin. Althans, de wereld waarin iedereen leert om vooral zelf groter te worden, beter, rijker. De Bijbel keert dit idee radicaal om. Want niet ik maar Hij moet groeien, niet daar of toen, maar nu, in mij. In de tekst, waarin deze woorden staan, zegt Johannes dit tegen zijn leerlingen als ze jaloers zijn over het aantal volgelingen dat zich door Jezus laat dopen, aan de overkant van de Jordaan. Dan spreekt de wegbereider Johannes die onaardse woorden: 'Hij moet groeien, ik moet krimpen.' Die Hij is Jezus. Jezus is het Woord van God en dat Woord, weet Johannes, dat moet groeien in ons leven, opdat wij meer en meer leven zoals Hij. Dan kunnen wij licht zijn, dankzij die groei van Jezus in ons binnenste, met andere woorden, dan is het Woord mens geworden.

Lied 741:3,4,5

## **18 juni** | woensdag

*Dat Jezus Christus in mij is geopenbaard* Galaten 1:1-12
Paulus blaast hoog van de toren. Te hoog? Nee, zeker niet. Er spreken zomaar andere verleidelijke tongen, onze aandacht is zomaar elders, weg van Christus. Zoals een haas gevangen in de autolichten in paniek meeholt, zo kan ook de mens in nieuws van anderen terechtkomen dat later nepnieuws blijkt te zijn. Paulus doorziet als geen ander dat het wezen van het evangelie geen mensenwerk, maar openbaring van God is. Openbaring, dat wil zeggen, dat God erin aan het licht komt. God komt aan het licht in Jezus. Eerst is er het niet zien, dan verandert dat in zien, en inzien. Er gaat je een licht op. Het spook op zee bijvoorbeeld, zoals Marcus 6 vertelt, dat grote vrees bij de leerlingen teweegbracht, blijkt Jezus hun Heer te zijn. Het is liefde die ons tot dit zien brengt. Want in de liefde is de zich openbarende Eeuwige aanwezig.

Lied 939

---

## **19 juni** | donderdag

*Bekering en het getal dertien* Galaten 1:13-24
Paulus was fanatiek vervolger van volgelingen van Jezus de messias. Door ingrijpen van God werd hij van vervolger navolger van Christus. Wat is het geheim van deze bekering in Damascus? Verborgen in de naam Paulus zit de naam van koning Saul. Paulus heette eerst Saulus, naar de eerste koning. In die naam schuilt het woord dat vragen en twijfel betekent. Kan ik het wel? Op die vraag krijgt Paulus in Damascus het antwoord. Tot dan leefde hij fanatiek volgens de wet en volgens de buitenkant, tot in hem Christus spreekt: 'Waarom vervolg jij Mij?' Paulus wordt dan blind, en van blind wordt hij ziende. Hij ziet de kracht van de liefde die hij in Korintiërs 13 weergaloos mooi verwoordt, waar hij de dertien eigenschappen van de liefde bezingt. Is bij ons dertien het ongeluksgetal, in het Hebreeuws is dertien het geluksgetal.

Lied 857

## **20 juni** | vrijdag

*God slaat geen acht op het aanzien van de mens* Galaten 2:1-14
Paulus lijkt geen angst te kennen. Waar wij, vaak terecht, voorzichtig zijn, lijkt hij een rauwdouwer. 'De belangrijkste broeders – hun positie interesseert me trouwens niets, God slaat geen acht op het aanzien van een mens – hebben mij tot niets verplicht.' Hij vreest ook na zijn bekering alleen zijn God. Uiterlijk vertoon, status en positie, dingen van de buitenkant van een mens, die lieten hem koud. Wel liggen de accenten na zijn bekering anders. Vanaf dan doet het wel of niet besneden zijn er niet meer toe. Vanaf zijn 'Damascus-ervaring' draait het om de besnijdenis van het hart die geloof, hoop en liefde vrijmaakt. En er is geen onderscheid meer tussen Joden of Grieken, noch tussen slaven of vrijen, mannen of vrouwen. We zijn allemaal één in Christus. Zo doorbreekt Paulus ook nu nog alle grenzen die mensen tegen elkaar opzetten.

Lied 833

---

## **21 juni** | zaterdag

*Ikzelf leef niet meer, maar Christus leeft in mij* Galaten 2:15-21
Paulus vervolgt Christus niet langer, maar volgt Hem. Hij drukt die verandering het meest bondig en diepzinnig uit als hij zegt: 'Niet ik leef, maar Christus leeft in mij.' Hij is 'in Christus'. Zijn leven is een leven in Christus. Het is dus ook een mystieke ervaring. Dat is een ervaring waarin er in je innerlijk en aardse leven een dimensie bij gekomen is, een geestelijke. Je leeft verder, blijft met beide benen op de grond, maar de wijze waarop je in het leven staat, is anders, dieper, weet van het eeuwige, van iets dat je erboven uittilt. Dat drukt Paulus uit met het in Christus zijn. Hij gebruikt deze uitdrukking 61 keer. Het is een unieke uitdrukking van de apostel. Hij bewaart dit mystiek één zijn met Christus niet voor zichzelf maar wil er de wereld en ons mee veranderen.

Lied 522

## Negentwintig namen voor Jezus van Nazaret

Naaste. Vreemde. Jood. Zaad.
Boom aan de bron. Bruidegom. Weg.

Droom van een mens. Deur open. Hoeksteen.
Sleutel. Leeuw van Juda. Lam. Gerechte.

Herder. Parel. Twijgje. Brood. Vis.
Woord. Wijnranken. Zoon van God. Knecht.

Stromen levend water. Morgenster. Koploper.
Enige. Onzegbaar gezegde.

Huub Oosterhuis, *Verzameld Liedboek*, Kok, Utrecht 2004, pag. 463

---

## **22 juni** – zondag

WWJD Galaten 3:1-14

Paulus is geen man van de nuance. Hij zoekt scherpe tegenstellingen als het gaat om het navolgen van Jezus Christus. Je kunt niet schipperen en een beetje van alles doen, zoals de Galaten wel willen. Dus schudt hij zijn lezers wakker met de vraag: door wie ben jij betoverd? Of liever nog: onder wiens invloed sta je? Als dat niet in lijn is met Jezus Christus, dan moet je uit die ban breken. De radicaliteit van leven naar het evangelie komt hier goed uit de verf. Want welke keuzes maak je als je zegt dat je bij Hem hoort? In Amerika lopen sommige mensen met sleutelhangers en armbandjes met daarop WWJD. Als een reminder: What Would Jesus Do? Wat zou Jezus doen in jouw situatie of in jouw plaats?

Lied 827

## **23 juni** | maandag

*Allen één* Galaten 3:15-29

Er zijn geen Joden meer of slaven of mannen of vrouwen, we zijn allen één in Christus. Een beroemde zin van Paulus om aan te geven dat wij in de doop gelijk zijn aan elkaar. Verschillen vallen weg en we vinden elkaar in de naam van Christus. Een zin om boven je bed te hangen. Juist in deze tijd waarin verschillen steeds weer benoemd worden. Uit actueel onderzoek blijkt dat mensen in hun eigen bubbel leven en zich minder willen verbinden met anderen. Niet voor niets luidt de Sire-reclame: 'verlies elkaar niet als polarisatie dichtbij komt'. Paulus' oproep is net zo concreet en praktisch en zoveel eeuwen later nog actueel: geen regels, geen dogma's maar in de vrijheid van Christus verbonden zijn met elkaar.

Lied 969

---

## **24 juni** | dinsdag

*Wijsheid* Lucas 7:18-35

Gisteren lazen we nog woorden van Paulus, vandaag van Lucas. Ook vandaag gaat het over dopen. Want iedereen die heeft geluisterd naar Johannes de Doper heeft zich door hem laten dopen. Maar anderen, zoals de farizeeërs, zijn kritisch en laten zich niet overtuigen. Dan vergelijkt Jezus de mensen die zich niet willen laten dopen (of eigenlijk de hele generatie) met kleine kinderen die hun zin niet krijgen. En er wordt een vergelijking gemaakt met de Wijsheid. Het is 'on-wijs' om af te wijzen waarvoor Jezus is gekomen. Maar wie is eigenlijk wijs? Lees eens het loflied op de sterke vrouw uit Spreuken 31: 'Ze spreekt wijze woorden, wat ze zegt zijn liefdevolle lessen.' Prachtige woorden over praktische wijsheid waar je het langer mee uithoudt dan uiterlijk schoon en vertoon: 'Uit haar verschijning spreken kracht en waardigheid, de dag van morgen ziet ze lachend tegemoet.'

Lied 738

## **25 juni** | woensdag

*Een sterke vrouw* Lucas 7:36-50

Een vrouw, naamloos maar met geurige olie en lang haar, wijst in dit verhaal een farizeeër de weg. Een sterke vrouw, zou je haar kunnen noemen. Ze toont zich kwetsbaar en zoekt de nabijheid van Jezus op. Zij huilt bij de voeten van Jezus. En als ze ziet dat zijn voeten nat worden van haar tranen, droogt zij ze met haar lange haar. Daarna kust ze zijn voeten en zalft ze. Het is van een grote intimiteit. De farizeeër staat erbij en kijkt ernaar. Het gebeurt in zijn eigen huis, maar het roept veel vragen bij hem op. Jezus is scherp naar hem toe en stelt juist deze vrouw als een voorbeeld van geloof. Haar vertrouwen en haar liefde maken dat Jezus haar vergeeft. Zij mag gaan in vrede. Een sterke vrouw, wie zal haar vinden?

Psalm 23b

---

## **26 juni** | donderdag

*Pelgrims van hoop* Lucas 8:1-15

Dit jaar, 2025, is uitgeroepen door de Rooms-Katholieke Kerk tot Jubeljaar. Een jubeljaar is bedoeld om de verzoening tussen God en mensen zichtbaar te maken. Dit jubeljaar heeft als thema pelgrims en hoop. Dat zou ook de titel van Lucas 8 kunnen zijn. Jezus trekt rond, verkondigend de komst van het rijk van God, en in zijn kielzog de leerlingen en de vrouwen als pelgrims van hoop. Zij volgen Hem en luisteren naar zijn gelijkenissen over zaad dat ontkiemt als het in goede aarde valt. Maar het sleutelwoord voor deze pelgrims is luisteren. Dat betekent het om zaad in vruchtbare grond zijn: 'dat zijn zij die met een goed en eerlijk hart naar het woord hebben geluisterd, het koesteren en door standvastigheid vrucht dragen'. Pelgrims van hoop.

Lied 802

## **27 juni** | vrijdag

*Tevoorschijn luisteren* Lucas 8:16-21

Opnieuw zoekt Jezus een beeld waarin tot uiting komt dat je goed moet luisteren. Het is een beetje vreemd dat het eerst gaat over goede grond om te zaaien en daarna over een lamp die licht geeft. In het Hebreeuws kan het woord voor grond ook gelezen worden als licht. Vandaar dat deze twee beelden aan elkaar worden verbonden. De essentie is bij beide voorbeelden hetzelfde: let goed op hoe jullie luisteren. Wat blijft er verborgen en wat wordt er geopenbaard? In feite is deze les van Jezus een levensles. Want wie kan er goed luisteren? We zijn al zo snel bezig met het ventileren van oordelen en aannames. Echt naar iemand luisteren is stil zijn, de ander uit laten praten en steeds weer een vraag stellen. Heb ik het goed begrepen wat je zegt? De ander, en daarmee de Ander, tevoorschijn luisteren.

Lied 833

---

## **28 juni** | zaterdag

*Stilte na de storm* Lucas 8:22-25

En dan stapt jezus met zijn leerlingen in een boot. En terwijl Jezus slaapt, steekt er een storm op. Gevaarlijk, want je bent met je boot een speelbal van het water. En zoals de boot volloopt met water, zo raken de leerlingen vervuld van angst. Een gevaarlijke situatie waar Jezus uitkomst moet bieden. Als Hij wakker is, maant Hij het water tot kalmte, en 'het water kwam tot rust'. Stilte na de storm. Het is een geladen stilte, want de paniek is niet zomaar weg. Maar het is ook de verstilling van kabbelend water tegen je bootje. Je mag weer even ademhalen. Pauze om bij te komen van de huizenhoge golven. Het is als het leven zelf. Soms dreig je te verdrinken in het gevaarlijke water, en andere keren is er een stem die rust brengt zodat je weer verder kunt varen in het leven.

Lied 351

Te midden van de veelheid van onderwerpen die we moeten bestuderen en waarover we moeten nadenken, mediteren en discussiëren, geloof ik dat we nooit de kern van het christendom mogen vergeten: de drie 'goddelijke deugden' geloof, hoop en liefde. Door middel van deze deugden is God in onze wereld aanwezig.

Tomáš Halík, *De namiddag van het christendom*, KokBoekencentrum, Utrecht 2023, p. 226

---

## **29 juni** | zondag

*Een levende dode* Lucas 8:26-39

Na de storm en de stilte op het meer is er weer deining. Een man die zich 'Legioen' noemt, schreeuwt het uit. Iedereen die weleens te maken heeft gehad met mensen die psychisch in de war zijn, weet dat dit geschreeuw door merg en been gaat. Verdrietig hoe die man aan de rand van de stad tussen de graven woont, als levende tussen de doden. De ontmoeting met Jezus maakt hem weer tot een mens. Ik houd mij aan dit bijbelverhaal vast als het gaat om menselijkheid en bevrijding. In Jezus vinden wij de rust en de stilte, op zo'n manier dat we weer mens worden. En ja, het is ook waar dat de realiteit weerbarstiger is. Niet voor niets dichtte Huub Oosterhuis als gebed: 'Doof de hel in ons hoofd, leg uw woord op ons hart, breek het ijzer met handen, breek de macht van het kwaad.'

Lied 317

## **30 juni** | maandag

*Twee vrouwen* Lucas 8:40-56

Een prachtige vertelling over twee vrouwen. Allereerst een vrouw die al twaalf jaar lang menstrueerde en daardoor onrein was. Lees de wetten in Leviticus er maar op na. Zij raakte alleen maar de slip van Jezus' mantel aan en werd genezen. Zijn nabijheid en vertrouwen maken je beter. En het gaat ook over een meisje van ongeveer twaalf jaar dat een vrouw moest worden zonder naam, het dochtertje van Jaïrus. Iedereen kende hem als overste van de synagoge, een belangrijk man. Maar ongezien en ongemerkt blijft zij, tot ze ziek wordt. Of wordt ze ziek omdat ze niet meer is dan het dochtertje van Jaïrus? Twee vrouwen die beiden opknappen van de ontmoeting met Jezus. De bloedvloeiende vrouw raakte Jezus aan, en Jezus nam het meisje bij de hand. De kracht van aanraking en nabijheid doet leven.

Lied 855

---

## **1 juli** | dinsdag

*Abba, Vader* Galaten 4:1-11

Om zijn verkondiging te verduidelijken geeft Jezus vaak een voorbeeld uit de agrarische wereld. Het gaat vaak over zaaien en oogsten. Paulus zoekt zijn voorbeelden meer in het burgerrecht. Ook hier bij Galaten. Hij geeft het voorbeeld van een zoon die erft van zijn vader, maar te jong is om deze verantwoordelijkheid op zich te nemen. Paulus vergelijkt de jonge erfgenaam met een slaaf, hij leeft onder het juk van een ander omdat hij geen beslissingen kan nemen. Het is een lastige passage en een taai voorbeeld. Waarschijnlijk bedoelt Paulus hier dat de Joden onder het juk hebben geleefd van de mozaïsche wetten. Regels en voorschriften die mensen op een bepaalde manier onvrij maakten. Hoe Paulus het ook bedoeld heeft, hij wil dat mensen doordrongen zijn van de vrijheid in Christus. Jezus bevrijdt mensen uit de ban van regels en voorschriften. Dus uit de slavernij.

Lied 886

## **2 juli** | woensdag

*Bitter* Galaten 4:12-20

Paulus is bitter in zijn brief. Hij herinnert de Galaten eraan dat hij zwak was toen zij hem, voor het eerst, in hun midden opnamen. En dat hij toen als een engel van de Heer werd verwelkomd. Maar dan slaat de brief om en schrijft Paulus: 'Wat is daar nu nog van over?' Confronterend en vragenderwijs legt Paulus de vinger op de zere plek: wie herinnert zich nog iets van die eensgezinde en gastvrije gemeente? Mensen veranderen, zouden we kunnen zeggen. Ook een gelovige gemeente kan veranderen. Maar wat zijn dan waarden die bewaard moeten blijven? 'Het is goed als u zich inspant, maar doe het dan ook voor de goede zaak.' En de goede zaak is dat in ons Christus handen en voeten krijgt. Of zoals lied 912 dicht: 'Neem mijn leven, laat het, Heer, toegewijd zijn aan uw eer.'

Lied 912

---

## **3 juli** | donderdag

*De belofte* Galaten 4:21-31

Vandaag een omstreden vergelijking van Paulus. De bijbelcommentatoren hebben duizend vragen bij deze passage. Opnieuw grijpt Paulus terug op het verhaal van Abraham. Deze keer ten aanzien van zijn beide vrouwen: Sara en Hagar. U raadt het al: Hagar is de onvrije en verwijst daarmee naar een leven dat geen heil oplevert. Het is krasse taal van Paulus, en hij doet geen recht aan de Bijbel noch aan de vrouwen van Abraham. Misschien maakt Paulus zich schuldig aan een al te vrije interpretatie van de Joodse geschiedenis? Misschien trapt hij in de val van zijn eigen gelijk? We weten het niet. De conclusie is wel dat hem er veel aan gelegen is om de dierbare Galaten, die hem toen hij zwak was zo goed hebben opgevangen, op het rechte spoor te brengen. De belofte van God aan Abraham, een groot volk, moet met hen in vervulling gaan.

Lied 801

## **4 juli** | vrijdag

*Voor elkaar zijn wij gemaakt* Galaten 5:1-12

Van de uitleg over Sara en Hagar duiken we nu weer de actualiteit van de Galatengemeenschap in. Het vijfde hoofdstuk van de Galatenbrief begint met een richtlijn ten aanzien van de besnijdenis. Voor de gemeenschap van de Galaten actueel, want het was een samengaan van Joden en Grieken. Wie mocht er met wie aanliggen? Paulus relativeert deze hele discussie door te zeggen dat de vrijheid in Christus maakt dat mensen verbonden zijn. De rituelen zoals misschien ooit van belang, worden gerelativeerd in het belang van de nieuwe gemeenschap. Paulus is opnieuw fel en zal ongetwijfeld ook mensen tegen zich in het harnas hebben gejaagd, maar zijn pleidooi is rechtlijnig en consistent: 'In onze eenheid met Christus Jezus is het niet van belang of iemand besneden is of niet, maar telt alleen het geloof, dat zich uit in liefde.'

Lied 793

---

## **5 juli** | zaterdag

*Vrucht van de Geest* Galaten 5:13-26

Paulus ontvouwt steeds meer wat zijn morele attitude is en wat hij verwacht van de Galaten. Hij stelt de Geest tegenover het vlees. Wij mensen zijn geneigd om toe te geven aan allerlei lusten en ondeugden, maar het is een geschenk van God dat er de vrucht van de Geest is. Ook hier weer Paulus en zijn zwart-witdenken. Hij maakt weinig ruimte voor nuance. Dus weer de vraag: Onder welke macht wil je staan? Paulus vindt het een keuze om de Geest te ontvangen. Hij kan erover meepraten, van Saulus naar Paulus. Niets menselijks is ons vreemd, maar een leven met Christus vereist de radicaliteit om je leven te laten leiden door liefde, vreugde, vrede, geduld enzovoorts. U mag er zelf nog een paar aan toevoegen. Welke vrucht van de Geest past bij u?

Lied 675

Die ons geschapen hebt
als vlees en bloed,
die ons elkaar hebt toegedacht
met lichaam en ziel,

die zelf vleesgeworden zijt
om ons nabij te zijn,

wij bidden U
dat wij U kunnen loven
met ons lichaam,

dat onze voeten
de weg van uw vreugde en vrede gaan,

dat wij gaan en bestaan
als handreiking aan elkaar.

Christiane Berkvens-Stevelinck en Sytze de Vries, *Vieren en brevieren*, Boekencentrum, Utrecht 2009, p. 249

---

## **6 juli** | zondag

*Nieuw leven* Galaten 6:1-10

Niemand heeft het recht om zich meer te voelen dan een ander. En mocht iemand een misstap begaan, probeer hem of haar dan met zachte hand weer op het juiste pad te krijgen. Opeens is Paulus heel pastoraal, alsof hij zich realiseert dat mensen ook maar mensen zijn. Hoe hoog verheven het ideaal is dat hij schetst, met vallen en opstaan zijn wij wie we zijn. Gelijkwaardigheid en verantwoordelijkheid zijn, in de gemeenschap van gelovigen, belangrijke begrippen. In onze individualistische samenleving zijn de woorden van Paulus verfrissend. Reken een ander niet af op het kwaad, maar help iemand. Prachtig pastoraal is Paulus hier, en gericht op eenheid en heelheid. Want in die gemeenschap van gelovigen kunnen mensen voor elkaar en God het goede doen. Want 'wie zaait op de akker van de Geest, oogst eeuwig leven'. Een hoopvolle en positieve gedachte, elke dag weer.

Lied 982

## **7 juli** | maandag

*Grote letters* Galaten 6:11-18

En dan lezen we nu de laatste verzen van de brief aan de Galaten. Paulus maakt voor het schrijven van zijn brieven vaak gebruik van een secretaris, maar deze laatste woorden schrijft hij zelf. Je kunt het zien aan de grote letters, zo zegt hij. En daarmee onderstreept hij nogmaals het belang van wat hij al heeft gezegd. Over de besnijdenis, over de vrijheid in Christus en het belang van vrede en barmhartigheid. Meestal eindigt Paulus zijn brieven, zoals je zelf ook zou doen, met vriendelijke woorden ten afscheid. In deze brief dreigt hij aan het einde dat niemand hem moet tegenwerken. Of dat een oproep is tot goed gedrag is de vraag. Maar hij mag het zeggen, want Paulus draagt de littekens van Christus in zijn lichaam. Het is de vraag of dat letterlijk zo was. Maar zo verwant voelt hij zich aan Jezus Christus.

Lied 422

---

## **8 juli** | dinsdag

*Schuld* Deuteronomium 19:1-10

Even een kort uitstapje naar het bijbelboek Deuteronomium. Ook hier, net als bij Paulus, concrete leefregels over hoe je als gelovige gemeenschap samenleeft. In de verzen van vandaag gaat het over de vrijwaring van iemand die per ongeluk een dodelijk ongeluk heeft veroorzaakt. Drie steden moeten worden aangewezen als vrijplaats voor deze mensen. Dan zijn zij gevrijwaard van bloedwraak en hoeven zij zelf niet voor hun leven te vrezen. Het is een vrij onbekende passage die wel te denken geeft. Want hoe word je vrij van zo'n 'schuld'? Dat zit hem niet alleen in de plaats waar je woont, maar ook in je hart. Zoals een man die veroorzaker was van een dodelijk ongeluk, eens tegen mij zei: 'Ik leef mijn hele leven twee levens. Ook voor haar probeer ik te leven.' Zij was nooit uit zijn gedachten. Hij was nooit meer vrij van schuld.

Lied 1006

## **9 juli** | woensdag

*Vergeving maakt vrij* Deuteronomium 19:11-21

Een korte uitleg over dat er twee getuigen nodig zijn om iemand schuldig te bevinden. En dat rechters een afgewogen oordeel over iemand moeten vellen. Het hoofdstuk eindigt met de beroemde zin 'een oog voor een oog, een tand voor een tand'. Dit is, naast alle oorlogen en een wrekende God, precies de reden dat mensen liever het Nieuwe Testament lezen. In de Bergrede wijst Jezus erop dat als je geslagen wordt, je de andere wang moet toekeren. Niet terugslaan als je wat wordt aangedaan. Geen wraak nemen als je gekwetst bent. Het vraagt nogal wat. Zeker in een maatschappij waarin de roep om harder te straffen toeneemt. 'De weg van vergeving maakt je vrij,' zei ooit wijlen bisschop Desmond Tutu. Door de ander te vergeven, geef je je recht op wraak op en krijg je je levensvrijheid terug. Kun je jezelf ook vergeven?

Lied 992

---

## **10 juli** | donderdag

*De doden begraven* Lucas 9:51-62

Er zijn bijbelteksten waar je over na blijft denken. Zoals de uitspraak van Jezus dat de doden de doden moeten begraven. Deze uitspraak staat in het teken van de urgentie dat het koninkrijk van God komt door directe navolging van Jezus: kijk niet achterom, laat alles uit je handen vallen, want je bent nú nodig voor de weg van recht en vrede. Toch is een belangrijk deel van mijn predikantswerk, begeleiding bij sterven en rouw. Ik zou dat niet graag uit handen geven, want ook daarin zijn recht en vrede belangrijke onderwerpen. Als ik bij de familie van de overledene kom om te praten over de afscheidsdienst, dan zijn dat emotionele gesprekken. Over verhoudingen in families, over patronen die (niet) doorbroken worden, over erkenning, over gemis en verdriet. Over het leven van een mens in het licht van God. Zo waardevol en helend, dus een stapje dichter bij het koninkrijk. Toch?

Lied 807

## **11 juli** | vrijdag

*Binnenwaaien* Lucas 10:1-16

De uitzending van de leerlingen is zo duidelijk: breng vrede behalve daar waar je niet welkom bent. Als pelgrims op weg zonder geld, tas of sandalen. Vertrouwend op de Eeuwige en de goedheid van mensen onderweg. Ik geef het je te doen. Wie durft dat nog? Ik moet denken aan predikant Rob Visser die als pionier op IJburg aanbelde bij mensen die daar net waren komen wonen. Huis na huis, zonder dat hij wist of ze ooit iets met de kerk hadden. Met zijn ontwapenende manier van welkom heten, introduceerde hij zich bij de IJburgers. En zo ontstond de Binnenwaai, een gelovige gemeenschap op IJburg.
Breng vrede daar waar je welkom bent. Dat is wat anders dan altijd maar met dezelfde mensen koffiedrinken op zondagochtend, dat is 'belletje trekken' en verbinding maken. Wat je nodig hebt? Geen geld, geen tas, geen sandalen maar wel 'stoute schoenen'!

Lied 421

---

## **12 juli** | zaterdag

*Nieuwe ogen* Lucas 10:17-24

Als de leerlingen terugkomen van hun missie, zijn zij blij verheugd. Ze hebben gemerkt dat ze welkom waren bij mensen en dat ze verschil konden maken. Jezus waarschuwt hen voor al te veel optimisme. Tegelijkertijd benadrukt Hij dat de leerlingen gezegende mensen zijn. Zij hebben ogen en oren die zien en horen wat er in de wereld nodig is. Voor God en voor de mensen. Dat vereist een blik die niet iedereen zomaar heeft. Dietrich Bonhoeffer kennen we bijvoorbeeld als vermaard theoloog, maar eigenlijk is hij pas veel later een gelovig mens geworden. Toen las hij de Bijbel met ogen die maakten dat hij zag wat er in de wereld van een beginnende Tweede Wereldoorlog nodig was. Niet meer met ogen van status of kennis, maar met ogen van menselijkheid en waardigheid. En Bonhoeffer stond op tegen het naziregime.

Lied 1001

Geef ons, God,
dat wij blijven zoeken
naar het geheim dat Gij in ons hebt gezaaid;

Dat wij de vreugde van het vinden
met elkaar willen delen;

Dat wij ons niet laten verlammen
door vallend duister,
door een zee van vragen,
en elkaar moed inspreken
om te volharden.

Doe ons geloven
in de oogst.

Christiane Berkvens-Stevelinck en Sytze de Vries, *Vieren en brevieren*, Boekencentrum, Utrecht 2009, p. 253

---

## **13 juli** | zondag

*Hokjes* Lucas 10:25-37

Vandaag lezen we een klassieker, het verhaal van de barmhartige Samaritaan. Een voorbeeld van anders naar de wereld kijken, met nieuwe ogen. Zonder vooroordelen en aannames. Dat valt niet mee, want het is bijna vanzelfsprekend geworden: mensen indelen op ras, geloof en sekse. Of zoals laatst iemand tegen een jongen zei: 'Ik ga binnenkort naar Indonesië en jij kunt mij daar vast alles van vertellen.' Ik stond erbij en schaamde mij, ik wist dat deze jongen geadopteerd was en in Nederland was opgegroeid. Het gaat in ons land en in onze kerk heel vaak over 'eigen' en 'niet-eigen'. En op grond daarvan maken we een snelle afweging, zeker als het gaat om ondersteuning. We zijn geneigd mensen die op ons lijken het eerste te helpen. Maar Jezus schetst met zijn verhaal een hoog ideaal over naastenliefde voor iemand die niet als jouw naaste voelt of eruitziet. Kunnen we dat?

Lied 975

## 14 juli | maandag

*Praten of poetsen* Lucas 10:38-42

Opnieuw een klassiek verhaal, dit keer over Maria en Marta. Je kunt dit verhaal op allerlei manieren lezen. Zo kunnen beide zussen staan voor een bepaald type mens. Het zijn eigenlijk twee manieren van doen. Praten of poetsen. Mijn oma ging poetsen als het moeilijk werd in haar leven of in haar geloof. Mijn moeder ging praten. Wat is uw manier? En roept het evangelie niet tot beide op: pastoraat en diaconaat? Is het niet te makkelijk om te zeggen dat we of het een of het ander zijn? De meeste mensen hebben een Maria en een Marta in zich. Praten en poetsen. Jezus benadrukt dat zich laven aan zijn woorden minstens zo belangrijk is als bezig zijn met verzorging. Wie of wat u ook bent, op dit moment leest u een bijbels dagboek.

Lied 738

---

## 15 juli | dinsdag

*Wees niet bang!* Deuteronomium 20:1-9

Wat een oorlog en strijd is er! In de tijd van de Bijbel en ook nu. In dit gedeelte gaat het om belangrijke regels in oorlogstijd: Zweep elkaar niet op tot blind fanatisme. Spreek elkaar voortdurend moed in, ja, wees niet bang. Laat het leven doorgaan. Concreet: bouw huizen en verzaak niet in het dagelijks leven. Er moet gezaaid worden met het oog op de toekomst. En de zaaier moet ook gelegenheid krijgen te oogsten. Mensen in (onder)trouw moeten het leven vieren en de liefde kunnen bedrijven. Het leven moet letterlijk en figuurlijk doorgaan. En wie bezwijkt onder angst? Laat hem gaan, want daar win je de oorlog niet mee. Alles is gericht op de lange termijn: een toekomst vol hoop. Je kunt je afvragen: wie blijft er dan nog over op het uiteindelijke slagveld? Alleen een volk dat weet dat God je steun en toeverlaat is maar ook je moreel kompas. En dat je daarom niet bang hoeft te zijn.

Lied 1008

## **16 juli** | woensdag

*Heilige oorlog?!* Deuteronomium 20:10-20

Bestaat er wel een heilige oorlog? Is niet elke oorlog een in feite verloren strijd? Je verliest er je onschuld en er resten alleen verliezers en overlevers. Oorlogstaal spreekt van kwaad tot erger. Van de strijd ter verdediging gaat het leger nu over tot de aanval. In Gods naam worden steden overwonnen, mannen gedood en vrouwen en kinderen en vee buitgemaakt. Het doet pijn om het te lezen. Het roept herinneringen op: Gott *mit uns* op de koppelriemen en de naam van de Allerhoogste op de lippen van terroristen. Wat moet je hier nu mee? Voordat je het terzijde legt: weet dat geen van deze volken daadwerkelijk is uitgeroeid.

Wat van belang blijft: gebruik nooit de tactiek van de verschroeide aarde. De vruchtbomen moeten onaangetast blijven. Handel altijd met het oog op de toekomst! Dat is de werkelijke heilige strijd.

Lied 1012

---

## **17 juli** | donderdag

*Kalf als zondebok* Deuteronomium 21:1-9

De aarde is ons gegeven om van te leven! Maar wat nu als op de vruchtbare aarde onschuldig bloed wordt vergoten en de dader spoorloos blijft? Het bloed van Abel roept nog steeds tot de hemel. Deze misdaad wordt geen 'cold case', een onopgeloste zaak die blijft spoken. Er moet nú recht gedaan worden, de roep om wraak in de kiem gesmoord. Een kalf komt eraan te pas om de bloedschuld op zich te nemen. Het arme dier, de onschuld zelve. Met het bloed van het kalf wassen de oudsten níét hún handen in onschuld maar nemen ze sámen de schuld op zich. Bizar of primitief? De roep om recht zoekt gehoor. De negatieve emoties zoeken een uitweg. Daarbij: nog steeds offeren talloze dieren hun leven om ons leven te geven. Zelfs groenten geven hun leven om ons in leven te houden. Het doet ook denken aan Jezus, die alle schuld op zich nam om ons het leven te geven. En aan het grote mysterie van de vruchtbare aarde: ik leef van het gegeef.

Lied 409

## **18 juli** | vrijdag

*Houd vol, houd moed!* Kolossenzen 1:1-11

Het is de kunst om bij moeilijkheden te blijven denken in mogelijkheden in plaats van beperkingen. Paulus zit gevangen, maar toch ziet hij kans brieven te versturen. Hij kan zijn gemeenteleden niet ontmoeten, maar via een brief steekt hij hun een hart onder de riem. Hij zet niet in met zijn beroerde omstandigheden maar met de hoop in Christus. Paulus gebruikt het mooie beeld van de vrucht van het geloof dat gezaaid is. Hij schenkt hun zijn vertrouwen, gebed, hoop, liefde en laat zelf zien dat dat allemaal sterker is dan alle verdrukking en bedreiging. Geen wonder dat de brief bewaard is gebleven. Zo'n geloofs-, hoop- en liefdesbrief lees en herlees je, tot op de dag van vandaag. Volhard, staar je niet blind op je kleine geloof maar vertrouw op de grote trouw, macht en kracht van God. Zo kun je volharden en veel verduren. Houd vol, houd moed, geef niet op!

Lied 905

---

## **19 juli** | zaterdag

*Bevrijdende woorden* Kolossenzen 11:2-23

Paulus schrijft vanuit de gevangenis bevrijdende woorden. Het bindt het de mensen in Kolosse op het hart dat Jezus Christus in de schepping het uiteindelijk voor het zeggen heeft. Dat kwade krachten en machten niet het laatste woord hebben. Wanneer wij lijden weet Jezus Christus wat wij doormaken. Dat is de grote troost die Paulus voor ogen houdt: ook Jezus is vervolgd en gevangen gezet. En toch is zijn lijdensweg de weg ten leven, vol verzoening en genade. Als Paulus dat schrijft, verandert het proza in poëzie. Opeens gaat zijn preek over in een lied. Zijn hart onder de riem wordt een lofzang. Je zingt het uit waar het hart vol van is. Juist zó ontstaat ín je de moed om vol te houden. Maarten Luther tekent hierbij aan: geloof is getrooste twijfel. Ook in het lijden volgen wij Jezus na. Tot die dag dat alle leed geleden zal zijn. Dat zijn bevrijdende woorden.

Lied 968

Bron van leven, licht en liefde
Waar wij zoeken naar U
vindt U ons
Waar wij verlangen naar uw aanwezigheid
groet U ons in alles wat leeft
Waar wij speuren naar een teken van uit de hemel
zendt U uw eigen Zoon
Waar wij zoeken naar nieuwe kracht
schenkt U uw Geest
Waar wij nieuwe wegen gaan
komt U ons tegemoet
Waar wij op verhaal komen
is het de ruimte die U ons geeft
Waar wij onze laatste adem uitblazen
Keert het terug naar U
Bron van leven, licht en liefde.

Erick Versloot

---

## **20 juli** | zondag

*Dienen met gezag* Kolossenzen 1:24–2:5

Paulus schrijft voortdurend dat hij dienaar is, maar hij spreekt altijd met autoriteit en gezag. Hij is namelijk dienstbaar aan Christus en in Hem aan Gods rijk. Dat zorgt ervoor dat hij zichzelf voortdurend wegcijfert en Jezus Christus centraal stelt. Het gaat om heersen door te dienen, de Allerhoogste in alle nederigheid dienen. Zo wil Paulus Jezus navolgen én mensen de weg van God in Jezus voorhouden.
Paulus is uitgesproken in zijn goddelijke missie. Hij is door de Heer geroepen om te dienen én volgelingen te behoeden voor allerlei dwalingen. Als Paulus nu – in Gods naam – aan ons een brief zou schrijven, waar zou hij ons in aanmoedigen? Waarvoor zou hij ons waarschuwen? Waar wordt er nu verdeeldheid tussen God en mensen gezaaid? Heersen door te dienen. Het is aan ons om dat te vertalen, hier en nu.

Lied 426

## 21 juli | maandag

*De hoofdzaak* Kolossenzen 2:6-15

In zijn brieven blijft Paulus wijzen op Christus als het hoofd van de kerk, van de schepping zelfs. Alles moet dus op Hem gericht zijn, ons doen en laten, in ons hele wezen. Waar wij dat uit het oog verliezen, waar andere ego's de kop opsteken, daar verliezen wij het zicht op Christus. Dan zijn we overgeleverd aan allerlei krachten en machten die eigen eer of aanzien zoeken – die zijn nou net juist met Christus gekruisigd!

We hoeven niet de hemel te verdienen met onze goede werken: Jezus Christus heeft het al goedgemaakt tussen de Vader en ons. Dat mag ons de ruimte geven om bevrijd en bevrijdend te leven. Want als Christus in ons leeft, zullen zijn liefde, goedheid en genade in ons doen en laten zichtbaar worden. Als Christus' hemelse liefde in ons werkt, werkt zich dat uit in ons doen en laten op aarde. Dat is de hoofdzaak.

Lied 653

---

## 22 juli | dinsdag

*Ware vrijheid* Kolossenzen 2:16–3:4

'Een mens is ongeneselijk religieus.' Mensen zoeken altijd naar zin en betekenis, houvast en inspiratie. Zo creëren we ook soms onze godsbeelden. Hoe kunnen wij God dienen? Regels en voorschriften geven ons houvast en duidelijkheid.

Door je te houden aan de Tien Woorden kun je in harmonie met God en mensen leven. Paulus verandert het accent. Waar Christus in ons leeft, gáán we elkaar liefhebben, recht doen, omzien naar elkaar en gunnen we elkaar het beste. Door ons nederig voor te doen kunnen we zélf vroom voor de dag komen. Maar raak niet het zicht op Christus kwijt. Dat is het beeld dat Paulus voortdurend schildert. Jezus Christus is het hoofd, wij zijn als delen van een lichaam met Hem verbonden. Als Hij in ons regeert, kan geen ander mens ons de wet voorschrijven. Dan zijn we echt vrije mensen die bevrijdend werken. Dat is ware vrijheid.

Lied 315

## **23 juli** | woensdag

*Bewaren in je hart* Psalm 75

Psalmen reiken ons woorden aan waar we zelf geen woorden voor hebben. Als we sprakeloos zijn van geluk, stom geslagen door leed of als we ons verlegen voelen iets te zeggen, zijn de psalmen geduldige gesprekspartners. God, wiens naam is 'Ík zal zijn die Ik zijn zal', is een partijdig God: Hij kiest partij voor degenen die geen stem mogen hebben, die recht wordt ontzegd, het zwijgen wordt opgelegd. De goddeloze is in de Bijbel degene die moedwillig onrecht doet en hoont: wie maakt me wat?! 'Ploert en schender', zo vertaalt Huub Oosterhuis deze goddelozen in raak Amsterdams. Zíj houden geen stand, God staat boven hen, uiteindelijk is het recht bij God geborgd. Is het leed te erg, het onrecht te groot, je geloof te klein? Zing juist dan met deze psalm het vertrouwen te binnen dat het anders kan én zal worden. Geloven met de psalmen is niet alleen uiten, maar vooral ook innen. God heeft het laatste woord. Dat is taal van het hart, en de melodie is de trechter naar het hart.

Psalm 75

---

## **24 juli** | donderdag

*Representatief* Deuteronomium 23:2-15

Wanneer kleed je je representatief? Als je je van je beste kant wilt laten zien. Op een sollicitatie zet je je beste beentje voor, als je een bedrijf vertegenwoordigt, haal je het beste uit de kast. Wanneer je het volk vertegenwoordigt, geldt dat dus ook. Dan is alleen het beste goed genoeg. Voor de samenhang van dit bijbelgedeelte: in het voorafgaande zijn de waardigheid van het individu beschreven, nu komt het op het volk aan. Het is daarbij goed om te weten dat bij omringende volkeren verminking een hoog ambt mogelijk maakte. Een ontmande, een eunuch, kon aan het hoofd van de harem staan. De kamerling van Morenland, een eunuch, was met een hoog ambt bekleed. Maar de God van Israël wil geen verminking. De boodschap is: Leef zuiver, reinig je lichaam, geef acht op hygiëne en houd altijd de mogelijkheden voor nieuw leven, een nieuw begin open. Daar is het God om te doen: toekomstgericht leven én laten leven.

Psalm 51b

## **25 juli** | vrijdag

*Alles heeft zijn prijs* Deuteronomium 23:16-26
Deze passage is revolutionair: verleen gastvrijheid aan slaven uit andere volken. Ooit was het volk zelf slaaf in Egypte. Je bent zélf bevrijd, en daarom gun je elkaar de vrijheid! Het is allemaal één groot pleidooi voor een bevrijd bestaan van alles wat ons knecht en slaaf maakt van wat of wie dan ook. Daarom is er ook geen plaats voor prostitutie: dat maakt de ene mens tot slaaf van de ander. Het woekeren met geld wordt aan banden gelegd: daarmee verdien je immers aan de armoede van een ander. Waarom geldt hier: eigen volk eerst? Het moet eerst beproefd en doorleefd worden, 'onder elkaar'. Wees zorgvuldig in je beloften en 'pluk de dag': neem gerust een handvol druiven in een wijngaard waar je door wandelt, maar stop het niet in een vat. Pot niet op, lééf bewust, in het hiernúmaals! Want alles heeft zijn prijs.

Lied 400

---

## **26 juli** | zaterdag

*Kan het U wat schelen?* Psalm 28
'Heer, houd u niet doof!' Ieder gelovige zal de verzuchting herkennen. Maar wie gelooft, heeft een adres, God wordt met zijn naam aangesproken: Ik zal er zijn. Uit het pleidooi tot deze God spreekt gevoel voor recht: Dit kán toch niet de bedoeling zijn, Aanwezige, dat het kwaad wint?! En pas dan komt er oog voor Gods kracht, hulp en redding.
Tijdens een verhitte, droge zomer vertelde een oude boerin dat zij elke dag bad om regen. Ze had altijd hard gewerkt en zij had hart voor de dieren en gewassen die zij zag lijden. 'Bidden om regen, dat dóé je toch niet?!' zei een stem. De boerin kende haar Bijbel: 'Als de profeten en psalmisten dat mochten, mag ik het ook.' Zij bleef bidden omdat zij er ten diepste van overtuigd was dat het God wat kan schelen als zijn schepselen lijden. 'Red uw volk, wees een herder, weid ze en draag ze tot in de wereld die komt.'

Psalm 28

## Uitnodigend

Afstand nemend, er op uit
zie ik open deuren,
met open armen heet
een oude kerk mij welkom
Wat trekt mij? Wie beweegt mij?
Ik kijk naar de drempel
met uitgesleten treden:
hoevelen gingen mij voor?
Wie komen hier na mij?
Ik ruik een vleugje wierook,
denk aan de wolk gebeden
die hier nog altijd hangt
Hier mag ik nu zijn wie ik ben
met mijn verleden in dit heden
waar het vol is van mysterie
kaarsen branden
als een gebed zonder woorden
ver van huis
kom ik thuis.

Erick Versloot

---

## **27 juli** | zondag

*Samen bidden* Lucas 11:1-13

Het Onze Vader is er om te bidden. Aan tafel, in een kring, bij het slapengaan, aan het graf waar het gebed als een deken van hoop over de overledene en de nabestaanden wordt gelegd. Wanneer je het Onze Vader bidt, bid je tot God, die niet alleen jouw, maar ónze Vader is. Je eert Hem, maar je bidt ook voor de nood van de wereld. En je oefent je in kijken door de ogen van God naar deze wereld en daarnaar te handelen, heel concreet door brood te delen, schuld te vergeven en het kwaad uit te bannen. Het gaat al duizenden jaren mee en boeit altijd. Alles zit erin, hemel en aarde komen erin samen. God en mens staan als verbondspartners naast elkaar. Het gebed is een bron om uit te putten, een programma om uit te leven. Het overbrugt verdeeldheid en schept eenheid. Het maakt het goddelijke menselijk waar.

Lied 1006

## **28 juli** | maandag

*Van kwaad tot erger?* Lucas 11:14-23

Geloof jij in de duivel? Nee, ik geloof niet in de duivel! Want geloven is vertrouwen, en ik vertrouw 'm voor geen cent. Maar ik houd er wel ernstig rekening mee dat ie bestaat. Beëlzebul, duivel, satan, demonen, wat kun je, wat moet je daarmee?

Overal waar tweedracht wordt gezaaid en mensen tegen elkaar worden opgezet, is ie werkzaam. Jezus kende de strijd tegen de diabolos, letterlijk tweewigger. Onze voorouders waren daar zeer van doordrongen. Op oude gotische kerken tref je vaak aan de buitenkant van die draken op de daken. Ze kanaliseren de waterafvoer, maar symboliseren ook dat als je de kerk verlaat, de duivel altijd op de loer ligt. Wie dat beseft, blijft waakzaam.

Lied 967

---

## **29 juli** | dinsdag

*Geesten onderscheiden* Lucas 11:24-28

De duivel is volop actueel. In veel popliedjes wordt er verwezen naar de duivel, in games nog meer. Als je in de literatuur duikt, dan is het kwaad vaak een gegeven. Vaak is het bij schrijvers een noodlot dat je overkomt. In de Bijbel leren we de duivel kennen als iemand die je actief uitdaagt strijdbaar te blijven. Wij staan zélf voor de keuze tussen goed en kwaad. Het kwaad is vaak uitgebeeld als een draak met meerdere koppen die telkens weer opnieuw en vaak onverwacht de kop opsteekt. Een huisarts vroeg eens: 'Is het je opgevallen dat er in de Bijbel altijd over demonen in meervoud wordt gesproken? Ik merk het in mijn praktijk: bij drankmisbruik volgt verbaal geweld en huiselijk geweld, het gaat van kwaad tot erger.' Waar zet je je hart voor open? Je kunt de Geestkracht van Jezus hieraan herkennen: die brengt samen en verbindt. De geesten onderscheiden gaf God ons als gebod.

Lied 313

## **30 juli** | woensdag

*Teken van God* Lucas 11:29-36

Mensen hebben geen teken van God nodig, houdt Jezus zijn geloofsgenoten voor. Denk aan de inwoners van Nineve: de oproep tot inkeer bij monde van Jona was voor hen voldoende om zich te bekeren. Denk aan de koningin van het Zuiden, van Seba: de wijsheid van Salomo was voor haar voldoende om uit te leven.

Mensen 'van buiten' zien soms scherper waar het om gaat. Een blik van buitenaf heeft meer overzicht en geeft zo meer inzicht op wat er echt belangrijk is. Het gaat erom hoe je kijkt! Jezus citeert de wijsheid van Salomo uit het boek Spreuken. Daar wordt het oog gezien als venster van de ziel en de ziel als een lamp van God. Je bént al een lamp van God, een mens met een goddelijke kern, met pit. Laat zo je licht maar schijnen, geef weer, reflecteer dat innerlijke licht van God. Dan gaan mensen vanzelf tekenen van God zien.

Lied 834

---

## **31 juli** | donderdag

*Oei, ik groei!* Lucas 11:37-44

Jezus is onze lieve Heer niet.' Wat kan Jezus fel uit de hoek komen, mensen stevig aanpakken als dat nodig is! Je zult maar 'ongemarkeerde graven' genoemd worden! Het overkomt enkele schriftgeleerden. Jezus ontmaskert hun schijnheiligheid. Er is niets dat Jezus zo boos maakt als uiterlijk vertoon dat innerlijke leegte verhult en hypocriet gedrag dat de feiten verdoezelt. En dan vooral op religieus gebied: bederf van het heiligste is het ergste. Waar de schriftgeleerden Jezus corrigeren op het overtreden van de regels rondom de reiniging, confronteert Hij hen met hun uiterlijke schijn. Dat houdt ons een spiegel voor. Een nieuwe generatie ziet onze invulling van ons geloof. Wat echt en oprecht is komt over, maar toneelspel en vormendienst: daar prikken zij genadeloos doorheen. Durf kritisch te zijn op jezelf en wees zuinig op mensen die je niet naar de mond praten. Zij maken het ook voor jou mogelijk: 'Oei, ik groei!'

Psalm 139

## **1 augustus** | vrijdag

*Terechtwijzing* Lucas 11:45-54

De wetgeleerden staan in hoog aanzien. Zij vertalen de Thora en de geschriften naar de praktijk van alledag. Die leer wordt vastgelegd in de halacha. Uiteindelijk zijn er 613 regels waar je je als gelovige aan moet houden. Op de inhoud daarvan richt Jezus zich hier niet. Wél stelt Hij aan de kaak: je hebt de regels vastgelegd, maar je houdt je er zelf niet aan! 'Practice what you preach.' Maak je theorie in de praktijk waar. Christoph Blumhardt, die in woord en daad een instrument was in de opleving van geloven, kreeg een dame uit Zwitserland in zijn praktijk in Bad Boll op consult. Zij klaagde over een betrekkelijk geringe kwaal. Hij stuurde haar naar huis met de scherpe woorden: 'Mevrouw, u moet eens wat minder aan uzelf en meer aan de zaak van God denken.' Het verhaal wil dat zij Blumhardt later een brief schreef. Haar leven lang zou zij dankbaar blijven voor deze 'terechtwijzing'.

Psalm 25

---

## **2 augustus** | zaterdag

*Zuurdesem* Lucas 12:1-12

Jezus is van het praktijkonderwijs. Neem nu het zuurdesem: een klein beetje doordringt het hele brood. Zo is het ook met kwaadsprekerij, huichelarij en hypocrisie, dat werkt door in gevoelens, gedachten en verhoudingen. 'Wees bang voor degene die je in het Gehenna kan werpen'. Ook dat is aanschouwelijk onderwijs. Op die plek, naast de Tempelberg, werden vroeger, voordat het Joodse volk er woonde, kinderen geofferd. Het was een hel op aarde waar later misdadigers werden geëxecuteerd en vuil verbrand. Daar was vuur, rook en zwavel. Dát is het beeld dat Jezus plaatst als een plek van het ultieme kwaad. Een plek die in schril contrast staat met Sion, waar de hemel de aarde raakt.
Als je het goede van God in een kwaad daglicht plaatst, doe je de Heilige Geest tekort. Onderscheid goed en kwaad zuiver. Wees niet bang: vertrouw op de heilige Geest. Die legt je de woorden in de mond als het erop aankomt. Dat dringt ook door zoals zuurdesem in het brood.

Lied 1009

## Gedachten over de rijkdom van het leven

Het is in het geven dat je ontvangt
in het liefhebben dat je bemind wordt
en in het loslaten dat je bindt

Augustinus van Hippo (5e eeuw)

De ruimte van je hart bepaalt de vrijheid van je leven
De ruimte van je hart bepaalt de warmte van je huis
Zolang je hart maar vol is heb je iets te geven
aan de man en aan de vrouw in je werk en bij je thuis

Paul van Vliet (21e eeuw)

Geloof, hoop en liefde kennen
een wonderlijke economie:
als je dat deelt, wordt het meer.

NN (van alle tijden)

---

## **3 augustus** | zondag

*Waardevol* Lucas 12:13-21

Wat is van waarde? Er wordt een erfenis verdeeld. Het Griekse woord is *kleromania*. Bij dat woord gaat het naast geld ook om waardering. Als de ene broer meer krijgt dan de andere, dan is dat meer dan een financiële aderlating. Het voelt als een afwijzing, en dat is letterlijk 'bloedlink', het doet je gevoel van 'eigen-waarde' geen goed. Jezus houdt de man een spiegel voor: Waar zit de pijn? Is hebzucht je drijfveer of gaat het om waardering, erkenning?! Dan vertelt Jezus een beeld uit het leven gegrepen: voorraadschuren schuren altijd. Wat is de prijs ervan? Heb je zo hard gewerkt, maar te weinig tijd voor je familie en vrienden gehad? Te hard gewerkt, zelfs zo dat het ten koste ging van je gezondheid? En voor wie, waarom, wat houd je over!? Ben je rijk voor jezelf of rijk voor God? Wat is waardevol?!

Lied 718

## **4 augustus** | maandag

*Kijk naar de vogels* Lucas 12:22-32

'Kijk naar de vogels,' zegt Jezus. Ze leven bij de dag. Ze gaan niet gebukt in het heden onder de last van het verleden. Ze kennen geen zorgen voor morgen. Ze leven in het hier en nu. Hoeveel mensen verdoen hun tijd met 'had ik maar' en 'wat als...' Kijk naar de vogels! Ze kennen geen rancune, ze nemen het leven zoals het komt. Wordt hun nest geschonden? Ze gaan door. Is er de wisseling van de seizoenen? Ze trekken verder. Ze leven in afhankelijkheid van elkaar. Dat zie je mooi bij trekvogels: de voorgangers wisselen elkaar af en zo gaan ze aerodynamisch naar warmere oorden. Ze weten zich afhankelijk van het weer, het voedsel en elkaar. In dat alles zorgt God voor hen. Hij voedt hen. Hij werpt het hen niet in het nest: je moet er wel je vleugels voor uitslaan! Wees niet bezorgd! Dat is geen advies, maar een opdracht, een bevel, een belofte. God zorgt voor je! Kijk naar de vogels! Kijk!

Lied 981

---

## **5 augustus** | dinsdag

*Weerbarstige heilige* Kolossenzen 3:5-17

'Ja, en nu ga ik het écht anders doen.' Eens in de zoveel tijd neem ik het me voor. Vroeger vaak met nieuwjaar, als er een kraakhelder, kersvers jaar voor je ligt als een onbeschreven vel papier. Maar ook als we uit Taizé kwamen. Geestelijk opgeladen en geïnspireerd besloot ik 'vanaf nu' trouw te bidden en bijbel te lezen, en natuurlijk om zachtmoedig en geduldig te zijn. Dat duurde ongeveer een week. Dan dimde het enthousiasme en had ik alweer te vaak op een vertraagde trein staan wachten, mijn teen gestoten en ander onheil meegemaakt. Het leven is weerbarstig, en deze heilige ook. Toen, en nu nog altijd. Ik neem me dan ook niet meer zo stellig voor om alles anders te gaan doen. Ik neem het me wel váker voor, omdat er kennelijk iemand is die erin gelooft dat ik het kan...

Lied 725:3

## **6 augustus** | woensdag

*Rechtvaardig?* Kolossenzen 3:18–4:6

Och ja, deze tekst... ik val er een beetje stil van. Zodra ik hem lees, komen de verhalen boven van mensen die juist op basis van deze en soortgelijke teksten veel hebben moeten verduren – en sommigen nog steeds. Kleinering, onderdrukking en zelfs mishandeling en misbruik 'in Jezus' naam'. In opstand komen kan niet: dit zijn de bijbelse machtsverhoudingen, wordt er dan gezegd, en je wilt toch die erfenis ontvangen? Met de bijbel in de hand kun je veel goeds, maar ook veel kwaad aanrichten.

Paulus bedoelt iets heel anders met deze tekst. Het gaat hem erom dat je in je dagelijks leven doet wat je moet doen, voor God, voor elkaar. Wie je ook bent, in welke rol je ook leeft, leef rechtvaardig. En houd elkaar daarin hoog. Dat vooral.

Lied 992

---

## **7 augustus** | donderdag

*Geloof delen* Kolossenzen 4:7-18

Paulus vraagt om brieven uit te wisselen met een andere gemeente. Best vreemd, want in andere gemeenten geloven ze waarschijnlijk ook anders. Bovendien spelen daar heel andere dingen, zijn ze bezig met andere vragen. Toch wil Paulus dat ze uitwisselen met elkaar. Hij wil dat deze mensen elkaar ontmoeten. Dat ze meer van elkaars gemeenteleven en elkaars geloof te weten komen.

Met wie deel jij je geloof? Alleen met mensen in de buurt? Of ook met mensen verder weg? Alleen met mensen die min of meer hetzelfde geloven als jij? Of ook met mensen die verder van je af staan?

En durf je je dan ook te laten inspireren door wat zij geloven?

Elkaar ontmoeten om geloof te delen. Dat is nodig om met elkaar het lichaam van Christus te kunnen zijn...

Lied 975:1,3

## **8 augustus** | vrijdag

*Op een briefje* Deuteronomium 24:1-8

Dit bijbelboek is zo'n 27 eeuwen oud. In die tijd konden vrouwen niks, zonder de zorg en bescherming van een man. Pas sinds 1956 worden in ons land vrouwen als handelingsbekwaam gezien! Tot die tijd konden getrouwde vrouwen niet (betaald) werken, geen huizen kopen of investeringen doen. Als een man zijn vrouw wegstuurde, had ze dus geen schijn van kans om zelfstandig te overleven. Door een scheidingsbrief kan ze een andere man en dus een nieuwe toekomst vinden.
De scheidingsbrief toont de zorgzame liefde van God voor vrouwen. En de taak van mannen wordt voor de zekerheid ook nog even benadrukt: hun vrouw gelukkig maken.
Het is de basis voor elke relatie, ook nu nog: elkaar gelukkig maken. Maar soms gaat dat niet (meer). Je komt alleen te staan in de harde realiteit. Dan geeft God je op een briefje: je krijgt een nieuwe toekomst.

Lied 650:1,2,3,4

---

## **9 augustus** | zaterdag

*Recht en krom* Deuteronomium 24:10-22

Ik leende jouw spullen, maar kon ze niet teruggeven. Jij stuurde een deurwaarder op me af. Je hebt er recht op, dat is waar.
Ik leende jouw geld. Jij kwam het weer halen met rente op rente en kleedde me uit. Je hebt er recht op, dat is waar.
Ik had jouw kennis nodig, ik ben niet zo slim. Jij vroeg een uurloon waar ik een week van kan leven. Je hebt er recht op, dat is waar.
Ik werk me rot voor een veel te laag loon. Jij koopt je kleding bij ons; zo lekker goedkoop. Dat is waar.
En verder grabbel je alles bij elkaar. De laatste restjes, tot de laatste cent. Je hebt er recht op, dat is waar.
Kennelijk is mijn leven minder belangrijk dan jouw recht.
Ik vind dat krom.

Lied 1006

Leven wil ik –
leven
om te dromen,
om te gaan,
om te komen
tot verstaan.

P. Schelling, *Denkend aan de dood kom ik tot leven*, KokBoekencentrum, Utrecht 2019, p. 26

---

## **10 augustus** | zondag

*Ruimte en tijd* Lucas 12:33-40

'Verkoop je bezittingen,' zegt Jezus. Oftewel: laat los wat je heeft gegijzeld. Al die dingen die je opslokken, die maken dat je aan het eind van de dag doodmoe en ontevreden naar bed gaat. Het veel te vaak checken van je socials, altijd maar hard werken, overmatig zorgen voor iedereen om je heen... Social media, werken, zorgen voor anderen... het is allemaal niet slecht in zichzelf, maar als het je afhoudt van wat er écht toe doet, dan wordt het dat wel.

Je hebt aandacht en tijd nodig voor je geloof. En dat is vrij groot, want in je geloof mag er ruimte zijn voor goddelijke én aardse zaken, voor God en voor jezelf en voor de mensen om je heen, voor de keuzes die je maakt, voor het leven dat je leidt.

Als je er ruimte en tijd voor maakt, in je dagelijks leven, zul je merken dat 'de Heer' zich laat ontmoeten midden in dat dagelijkse leven. Dat Hij niet één keer groots en meeslepend terugkomt, maar op elk moment verborgen maar vindbaar aanwezig is in onze wereld.

Lied 816

## 11 augustus | maandag

*Het doet ertoe* Lucas 12:41-48

Veel gelovigen zeggen 'niet zoveel met het oordeel te hebben'. God is liefde, zegt men. Maar als het dan gaat over niet-gelovige kinderen, vrienden of goede bekenden, dan zijn er toch wel wat zorgen. 'Die zijn toch ook aardig en dat zijn goede mensen. Beter dan sommige gelovigen!' klinkt het dan.

Kennelijk is er onbewust tóch wat angst voor een oordeel, van God, van de dominee of van medegelovigen, dat wordt nooit helemaal duidelijk. Dat is niet nodig, volgens de lezing van vandaag. Hier lezen we hoe reëel en rechtvaardig Jezus over Gods oordeel spreekt. Wie niet weet wat God vraagt, kan weinig kwalijk worden genomen. Maar wie het wél weten, en wie het heel goed weten, worden verantwoordelijk gehouden. Omdat het ertoe doet. Omdat jouw bijdrage in Gods koninkrijk ertoe doet. Omdat jij ertoe doet.

Lied 992

---

## 12 augustus | dinsdag

*Andere tijden* Deuteronomium 25:1-10

Nee! Ga nou niet beweren dat het bijbels is om iemand stokslagen te geven. Deze teksten klinken in een andere tijd dan de onze. Een tijd waarin iedereen eigen rechter speelde. Nu wordt gezegd: Je slaat elkaar niet langer zomaar dood. Je gaat naar de rechter, als je het oneens bent. Die zal beslissen en zorgen dat de straf netjes wordt uitgevoerd. Zó, dat iemand zijn leven kan beteren.

En wees gerust, je hoeft ook geen kind te verwekken bij je schoonzus of met je zwager naar bed te gaan als je broer / partner overlijdt. Ook dat is uit een andere tijd. Toen leefde je naam niet voort als je geen kinderen had. Je had dus geen bestaansrecht. Deze regel geeft ieder mens weer toekomst.

Daar gaat het om: Zorg voor elkaar. Maak elkaar het leven mogelijk. Geef elkaar toekomst.

Lied 973

## **13 augustus** | woensdag

*Twee maten* Deuteronomium 25:11-19

Pak elkaar niet op de zwakste plek. Of dat nu de schaamdelen van de man betreft, of de achterhoede van het leger... Dat is niet eerlijk. Net zoals het niet eerlijk is om met twee maten te meten.
Toch gebeurt dat vaak. Denk aan de oneerlijke verdeling in de wereld.
Wij denken recht te hebben op goedkope kleding. Daarom moeten elders kindervingertjes vele uren aan die kleding werken.
Wij hebben alle recht op geluk. Vluchtelingen noemen we verwijtend 'gelukszoekers'.
Wij hebben veel. Wie niet veel heeft, moet dankbaar zijn voor wat wij weggeven.
Je kunt je zo lekker machtig voelen als je de ander op diens kwetsbaarheid wijst: 'jij bent dom, want jij kunt niet rekenen', of 'jij ook altijd, met je...' – vul maar in.
Meet niet met twee maten. Pak elkaar niet op de zwakste plek.

Lied 997

---

## **14 augustus** | donderdag

*Wat is jouw verhaal?* Deuteronomium 26:1-11

In families, studentenverenigingen en andere clubjes zijn van die verhalen die je moet kennen om erbij te horen. Of grapjes die alleen insiders snappen. Ik ben een echte... vul de naam van je club maar in.
Je wordt gevormd door de grotere en kleinere verhalen van de clubjes waar je bij hoort. Wie niet (meer) bij een bepaalde groep hoort, voelt zich vaak alleen.
Het is belangrijk wat God hier aan zijn volk vertelt: als je een nieuwe toekomst tegemoet gaat, als je het beloofde land betreedt, vertel dan eerst jouw verhaal. Niet als toeschouwer. Niet als neutrale geschiedenis. Niet als 'Er was eens een Arameeër'. Nee, vertel het als jouw verhaal, waar jij deel van uitmaakt: 'Mijn vader was een Arameeër.'
Heb jij van die verhalen die echt bij jou horen? Die jou maken tot wie je bent?

Lied 657

## **15 augustus** | vrijdag

*Clubje opgericht* Deuteronomium 26:12-19

Bij wie hoor jij? Wat is jouw achtergrond? Is dat een moeilijke vraag? Of vind je hem juist fijn? Wat je verhaal ook is, God zegt dat je bij Hem mag horen. Hij heeft een 'clubje opgericht' en jij mag erbij.

Deze club heeft regels, net als elke club, elke familie, elke klas... 'zo doen wij dat hier'. De regels van de 'club van God' zijn heel simpel: Zorg voor de mensen die het nodig hebben. Deel je bezit met hen die zelf te weinig hebben.

Dat is lastig, als je gelooft dat je alles zélf hebt verdiend. Dat alles van jou is en van niemand anders.

Dat is veel minder moeilijk als je kunt geloven dat alles eigenlijk van God is. God heeft het je te leen gegeven. Een levenslange, renteloze lening. Maar dan moet je de opbrengst wel delen met anderen.

God helpt je om je aan zijn regels te houden, zodat je bij Hem kunt blijven horen. En Hij bij jou.

Lied 975

---

## **16 augustus** | zaterdag

*In het nauw* Psalm 54

Voel jij je weleens in het nauw gedreven als mensen je aanvallen (met daden of woorden) of als omstandigheden over je heen buitelen? Of heb je het idee dat niemand meer zoekt naar een ander en dus ook niet naar God?

Zou jij dan op God kunnen blijven vertrouwen? In deze psalm horen we dat dat niet makkelijk is. Aan de ene kant is er de vraag óf God wel zal luisteren en helpen. Aan de andere kant de overtuiging dát God helpt en draagt. En uiteindelijk ook de dankbaarheid dat het zo is. Zo 'werkt' geloven vaak: door vragen en twijfels heen, toch proberen te vertrouwen. En als dat lukt, dankbaar zijn. Zing hem maar, die psalm, of bid dit lied.

Lied 197

## De schoonheid van de brief

Ik houd van de persoonlijke brief. Het liefst met de vulpen geschreven. In een met de hand geschreven brief, hoe kort ook, kan ik beter mijn gevoelens en gedachten kwijt. Ik weet me meer verweven met de woorden.
Een brief is een prachtig middel om 'leven' met elkaar te delen. De schrijver kan in alle rust en weloverwogen op papier zetten wat hem beroert. De lezer kan in stilte de woorden lezen en overwegen. Zelfs het wit tussen de woorden en zinnen onthult soms iets, zoals de dichter Gil Vander Heyden het zo fraai zegt in de laatste strofe van zijn gedicht 'Wit':

Het mooiste in je brief
is het stukje zwijgen
tussen twee zinnen.

P. Schelling, *Denkend aan de dood kom ik tot leven*,
KokBoekencentrum, Utrecht 2019, p. 136

---

## **17 augustus** | zondag

*Vurig* Lucas 12:49-59
Ik zou willen zeggen dat ik vurig verlang naar Gods koninkrijk. Maar soms ben ik ook een beetje huiverig, of halfslachtig. Want het gaat niet gemakkelijk zijn. Er moet ook in mij het een en ander afgebroken en weggebrand worden
In het koninkrijk van God komen alle mensen tot hun recht. Ik, jij, u, en al die andere mensen. Dat betekent waarschijnlijk dat ik wat luxe los moet laten. En dat anderen veel meer krijgen. Het betekent waarschijnlijk ook dat ik meer moet accepteren van mensen die ik lastig vind. En zij trouwens ook van mij.
Het is maar goed dat Jezus spreekt over de beide kanten van het vuur: het enthousiaste, vurige én het verterende. Beide zijn nodig om de weg voor Gods koninkrijk vrij te maken. Gods koninkrijk reikt verder dan de 'lieve vrede'.

Lied 672:4,6

## **18 augustus** | maandag

*Met open handen in Gods hand* Lucas 13:1-9

Je kunt geloven: Als ik goeddoe, zal mij niks slechts overkomen. Totdat je tóch iets overkomt. En dan denk je: Waaraan heb ik dit verdiend? Jezus zegt dat je het nergens aan hebt verdiend. Soms gebeuren er nare dingen. Dat is verdrietig, maar dat kun je niet voorkomen. Je kunt je leven niet in de hand houden, je mag leven met open handen.
Soms denk je misschien ook: Als ik niet nuttig genoeg ben, niet hard genoeg werk, niet genoeg presteer, dan ben ik niks waard. Dan verdien ik het niet om te leven. Jezus vertelt in het verhaal over de vijgenboom dat dat niet waar is. Dat jij er bent, is genoeg. Je hoeft je vuisten niet te ballen, je mag ontspannen leven met open handen.
Dat is 'leven in Gods hand'.

Lied 920

---

## **19 augustus** | dinsdag

*Ten leven* Lucas 13:10-21

'Kun je nou nooit eens gewoon doen?' vraagt een moeder aan haar theatrale dochter.
'Je bent dan misschien homo, maar moet je dat ook zo laten zien?' vraagt een vader aan zijn zoon als die zijn vriend komt voorstellen.
Een jongeman werkt zich volledig overhoop en is haast overspannen. 'Dat hoort zo, anders hoor je er niet bij,' zegt hij.
Een jonge vrouw botoxte haar lippen vol. 'Dat is gewoon tegenwoordig. Dan hoor je erbij,' legt ze me uit.
En ik vraag me af waarom 'gewoon doen' zo belangrijk is.
Jezus zegt: het gaat niet om 'gewoon doen'. Die zelfbedachte regels zijn niet zo belangrijk. Het gaat erom dat mensen werkelijk gelukkig kunnen leven, 'gewoon' zoals ze bedoeld zijn.

Lied 789

## **20 augustus** | woensdag

*Kalk* Deuteronomium 27:1-13

Tot voor kort riep ik regelmatig ‘doe die deur nou dicht’, want de puber in huis liet alles waaien. Nu niet meer, want niet-meer-puber is uit huis. Wetten zijn nodig waar mensen niet vanzelf het goede doen.

Dat geldt ook voor de wetten van Mozes. Het volk was de richting kwijt. Ze moesten opnieuw een samenleving gaan vormen aan de overkant van de Jordaan. Daar waren passende afspraken bij nodig.

Geen wonder dat de wetten in kalk geschreven moesten worden. Dat is tijdelijker dan kerven. De wetten blijven leesbaar zolang dat nodig is. In andere tijden, voor andere mensen zijn andere dingen nodig. Een woord dat klinkt in een hart. Een mens die sterft voor ons allen. Telkens weer geeft God wat nodig is voor een samenleving waarin ieder mens tot zijn recht kan komen, en God zelf een woning kan vinden.

Lied 318

---

## **21 augustus** | donderdag

*Vervloekt!* Deuteronomium 27:14-26

Je aan regels houden ‘omdat het moet’, daar zijn we niet zo goed in. We willen er het nut van inzien. Dat is nu, en dat was in bijbelse tijden ook zo.

De leefregels in deze tekst klinken vrij heftig: ‘vervloekt ben je’ als je je er niet aan houdt. Maar die vervloeking is geen boete, of ‘straf van boven’. Eerder is het het gevolg van je keuzes: je leven kán niet gezegend zijn als je je niet aan deze regels houdt.

En het hele volk zegt ‘amen’. Zij stemmen ermee in. Het is niet zo dat God eenzijdig regels heeft zitten bedenken die iedereen nu moet houden. Hier is sprake van regels die een menswaardiger samenleving mogelijk maken. En het volk is partner in dit ‘contract’. Niet ‘omdat het moet’, maar opdat het leven gezegend zal zijn.

Lied 330

## **22 augustus** | vrijdag

*Verlaten* Psalm 55:1-16

Kom tevoorschijn, God, en kijk me aan als ik tegen U praat,
of hebt ook U me verlaten?
Hoort U me, door het geraas van mijn gedachten,
het geschreeuw van de wereld, en het wild kloppen van mijn hart heen?

Ik wil vluchten, vliegen als een vogel, ver weg hier vandaan,
maar ik ben hier, te midden van alle ellende.

Waren het mijn vijanden die me dit aandeden, dan kon ik ermee dealen,
we zijn niet voor niks niet met elkaar bevriend.

Maar jij, die is zoals ik, die ik vertrouwde,
die ik als een van mij zag,
wij deelden toch alles, ons leven, ons geloof,
ja, zelfs onze ziel?

Lied 924:1

---

## **23 augustus** | zaterdag

*Ongefilterd* Psalm 55:17-24

Oh God sla ze neer, doe ze wat aan.
Laat ze lijden, creperen, want ik heb zoveel pijn,
zoveel verdriet.
Of nou ja, ik wil alleen maar zeggen:
dit verdien ik niet.
Dit gun je je ergste vijand niet,
hoewel ik die momenteel veel lelijks gun.

Bij U God, ben ik veilig,
kan ik roepen en bidden en klagen
delen wat ik op mijn hart heb, ongefilterd.
U doet in uw wijsheid toch alleen wat goed is in uw ogen.
Ik sla mijn ogen op en vertrouw op U.

Psalm 121

Als Christus je nabij gebracht wordt en als je Hem in geloof omhelst, dan komt er ook 'onrust in je bloed', een stuwende kracht die je ontevreden maakt met de manier van leven van mensen om je heen, die je 'smaak' verandert. Je krijgt een hekel aan het amusement en het lawaai dat je van de vragen af wil houden. Je krijgt ook een bepaalde hekel aan jezelf. Intrigerend genoeg heeft de bekeringsweg iets van een vereenzaming en een verwonding. Maar de dwaas heeft dat liever dan het oude leven zonder die 'genadeklap' (Willem Jan Otten).

K. van Ekris, *Dialoog, dans en duel, preken voor tijdgenoten*, KokBoekencentrum, Utrecht 2022, p. 230

---

## **24 augustus** | zondag

*Finaleplek* Lucas 13:22-30

Wie gaan er door naar de finale? De mensen die het beste zijn! Zo ongeveer kijken we ook naar geloven. Wie het goed doen, worden gered of komen in de hemel, wie het niet goed doen, niet. We breken ons het hoofd over mensen die niet (meer) bij de kerk horen; zouden die erbij mogen? We kennen allemaal wel 'zulke' mensen. En sommigen zijn heel aardig. Die komen toch wel in de hemel? En mensen die ons tegenstaan natuurlijk niet. 'Als Hitler in de hemel is, dan kies ik voor de hel,' zei een oude meneer eens. We hebben het er druk mee, met het denken over anderen. Jezus zegt: Denk toch niet zoveel over anderen. Laat dat maar aan God over. Denk eerst maar eens over jezelf: Doe jij het goede? Weet je überhaupt wat 'het goede' is? Zorg dat je zelf gered wordt. Soms blijken de losers winnaars te zijn en worden winnaars losers...

Lied 991:1,2,7,8

## **25 augustus** | maandag

*Zoals een hen...* Lucas 13:31-35

Zoals een hen haar kuikens onder haar vleugels hoedt, zo ziet Jezus zichzelf. Het liefst zou Hij alle mensen een warm en veilig plekje geven. Hen beschermen tegen de koude, harde wereld. Maar mensen willen dat plekje niet. Of ze gunnen elkaar dat plekje niet. En nu wordt de hen haast van haar nest gegooid. De machthebbers zijn niet tegen zoveel liefde bestand. Ze willen niet dat de kleine mensenkuikens uitgroeien tot gezonde kippen. Zij willen ze liever klein houden, onderdrukken. Toch laat Jezus zich niet van zijn nest jagen. Hij blijft doen waar Hij voor is gekomen. Tot na zijn laatste woorden gaat Hij door met 'kloeken': zorgen voor de mensen die Hij onder zijn vleugels nam.

Psalm 84a:1,2,5

---

## **26 augustus** | dinsdag

*Voorwaardelijke zegen* Deuteronomium 28:1-14

Taalwetenschappers ontdekten dat dit deel van de toespraak van Mozes de structuur heeft van verdragsteksten van de Assyrische koningen. Die spiegelden hun vazallen voor welk een zegen het was hen te mogen dienen. Maar daarna wat voor een ellende zij over zich heen zouden halen bij ontrouw. Dus wanneer ze het verdrag verbraken.

Mozes doet dat ook. Hij begint met de zegeningen te noemen. Dat klinkt allemaal prachtig, maar stemt het ook overeen met de werkelijkheid? Er is wel een voorwaarde aan verbonden, en het valt op dat die er wel driemaal staat: 'Als u de HEER, uw God, gehoorzaam bent...' (vers 1,2,9,13). Nee, er staat niet 'omdat', maar 'als'. Was het maar 'omdat'. Wat zouden we het toch goed kunnen hebben! Als we maar gehoorzaam waren. Moeten we dat ook vandaag niet zeggen? God wil zijn zegen aan ons kwijt.

Psalm 65:4,5,6

## **27 augustus** | woensdag

*Aangekondigde vloek* Deuteronomium 28:15-29

Hier worden we niet vrolijk van. Het is precies het tegendeel van de zegeningen. Het is helaas eerder de praktijk dat er niet gehoorzaamd wordt, dan wel. Dat te moeten constateren is niet alleen pijnlijk voor Israël, maar niet minder voor God. De verschrikkingen die we hier lezen, komen wél overeen met de werkelijkheid. Ze zijn gebeurd en gebeuren hier en daar nóg.

In de verzen staat steeds dat de HEER iets naars zal doen. Maar dan wel in antwoord op het verbreken van het verbond door de mensen. Genade is niet goedkoop. Het doet ertoe of je God gehoorzaamt of niet.

Psalm 6:1

---

## **28 augustus** | donderdag

*Je verstand verliezen* Deuteronomium 28:30-44

Een nieuwe serie vervloekingen. Niets lukt. Alle inspanningen zijn vergeefs. Anderen profiteren ervan. Ze pakken je alles af, tot je kinderen aan toe. Die laatsten worden in ballingschap weggevoerd. Hét grote trauma voor Israël is die ballingschap. 'U zult gek worden van alles wat u voor uw ogen ziet gebeuren.'

'Gek', het is een woord dat aangeeft dat iemand de situatie in het geheel niet meer aankan. Het is onverdraaglijk en je bent weerloos en staat machteloos. Wat kan een mens niet allemaal aan ellende over zich heen halen. Hoeveel leed zou te voorkomen zijn geweest. Een gewaarschuwd mens telt voor twee!

Psalm 137:1,2,3

## **29 augustus** | vrijdag

*Tot een teken en een waarschuwing* Deuteronomium 28:45-57

Kan het nog erger? We lezen dit toch met afschuw. Als mensen tot menseneters worden, wat valt er dan nog te hopen?

Het is eigenlijk onverteerbaar dat de bijbelschrijver achter dat alles de handelende HEER ziet. Daarom maar eens gezegd dat we hier niet te maken hebben met voorspellingen of met een onontwijkbaar noodlot. We horen de bittere ervaringen die het volk achter zich heeft. Of waar het nog middenin zit. Ze zijn het schuldige gevolg van wat mensen doen.

Als we hier Egypte lezen, moeten we aan Babel denken. Daar is het volk uiteindelijk heen gevoerd.

Een afschrikwekkend voorbeeld wil de HEER ermee stellen. 'Tot een teken en een waarschuwing,' zo de Willibrordvertaling. De HEER geeft het blijkbaar niet op. Hij blijft ondanks alles zijn afvallige volk aanspreken. En in dat volk alle volken.

Psalm 81:6,10,14

---

## **30 augustus** | zaterdag

*Terug naar Egypte?* Deuteronomium 28:58-69

Op schepen teruggebracht worden naar het land van de slavernij. Je daar als slaaf aanbieden en ondervinden dat niemand je wil kopen. Smadelijk! Het volk dat bevrijd was uit het slavenhuis en geleid naar het land van belofte is terug bij af. Zelfs naar de verste uithoeken van de aarde zullen ze verstrooid worden. Een veilig bestaan zonder angst kunnen ze daar wel vergeten. Het absolute nulpunt.

Hier wordt beschreven hoe het gegaan is. De bijbelschrijver legt het Mozes in de mond. Maar dan valt het woord 'verbond'. De HEER heeft Mozes dat laten sluiten met deze woorden. In dat kader klinken ze dus. Maar dan valt er een wel heel bijzonder licht over al dat verschrikkelijks dat we lazen. God laat zijn volk niet los. Hij zoekt zich er juist mee te verbinden. Bron van hoop!

Psalm 77:3,4,6

## Gebed bij opening van een bijeenkomst

God, wij willen U vragen ons te helpen
uw boodschap voor ons leven te verstaan.
Leer ons te luisteren naar elkaar
en naar wat ieder van ons uit uw Woord verstaat.
Maak ons tot een gemeenschap
waarin mensen elkaar niet dwingen
of een andere mening opleggen,
maar bevrijd ons ook van alles
wat ons dwingt of beweegt een andere weg te gaan
dan U wilt dat we gaan zullen.
Door Jezus Christus.
Amen.

*Dienstboek, een proeve, deel 1*, Boekencentrum, Zoetermeer 1998, p. 988

---

## **31 augustus** | zondag

*De sociale orde doorbroken* Lucas 14:1-14
Jezus leefde in een maatschappij waar relaties, aanzien en invloed belangrijk waren. Maaltijden vormden de ruggengraat van die sociale orde. De pikorde werd er zichtbaar en tastbaar. Met elke blik altijd omhoog gericht. Naar het hoofd van de tafel. Naar de ereplaatsen, degenen die het hoogst stonden op de maatschappelijke ladder.
Jezus ziet wat deze sociale orde met mensen doet. Hoe het de gel-dingsdrang bij mensen aanwakkert. Hoe het een bron is voor jaloezie, wedijver, competitiedrang. Hoe mensen erdoor achtergesteld worden en afgeschreven. Hij gaat er dan ook recht tegenin.
En wij? Hoe gaan wij met elkaar om? Hoe zien wij elkaar? Aan de tafel wordt dat zichtbaar en tastbaar. Wie nodigen wij uit en hoe verdelen wij de plaatsen?

Lied 975:3,4

## **1 september** | maandag

*Verlangen naar het koninkrijk?* Lucas 14:15-24

'Gelukkig al wie zal deelnemen aan de maaltijd in het koninkrijk van God!' Dus wie door God genodigd wordt. Hoe moet je zo'n opmerking inschatten na die schurende gelijkenissen en Jezus' raad aan de farizeeër? Het klinkt vroom, maar ook als een dooddoener, die wat Jezus deed en zei mogelijk wil ontkrachten. Het is de vraag of de man die die opmerking maakte zo'n gelukkige zal zijn. Want vanzelfsprekend is het voor niemand, als hij dat soms dacht. Is er wel oprecht verlangen? Of kunnen de dingen van het koninkrijk beter wachten? Zijn er andere dingen, die het eigenbelang dienen, die de voorrang krijgen? In de gelijkenis geven de genodigden om die reden geen thuis. Hoe ligt dat bij ons?

Lied 782

---

## **2 september** | dinsdag

*Jezus volgen, wat mag het kosten?* Lucas 14:25-35

Bezint eer gij begint! Hoe calculerend is het geloof? Nou, als we geloven om er beter van te worden. Opdat het ons voor de wind zal gaan. Opdat we geen tegenslagen te verduren zullen krijgen. Om het erbij te doen, want wie weet levert het nog wat op. Als we daarom geloven, wel, dan kunnen we er beter mee ophouden.

Zoveel maakt Jezus ons wel duidelijk: leerling van Jezus zijn, dat vraagt wat van u, jou en mij.

Geloof is geen onschuldige hobby. Het zit om zo te zeggen tot in je tenen. Je verliest je erin en vindt zo jouw meest wezenlijke bestemming: Jezus te weerspiegelen, mens voor een mens te zijn. Mag dat wat kosten? Of haken we af, zodra het wat van ons gaat vragen?

Lied 313:1,2

## **3 september** | woensdag

*Wat Gods ogen zien* Psalm 33

God ziet alles. Vindt u dat een geruststellende gedachte? Als Hij alles ziet, ziet Hij ook wat ik verkeerd doe. Als je dan ook nog bijgebracht is: God is onverbiddelijk en straft onmiddellijk ja, dan boezemt die wetenschap angst in. Dat kan overigens geen kwaad voor de kwaaddoeners. Er is echter in deze psalm ook sprake van liefdevolle ogen die de HEER slaat op degenen die ontzag voor Hem hebben en hopen op zijn trouw. Zij zullen niet beschaamd uitkomen. Hij is hun hulp en schild. Hij verblijdt ons hart. Zoals Hij eens de ellende van zijn volk zag in Egypte (Ex. 3:7), zo ziet de Eeuwige ook op ons. Als een Helper!

Psalm 25:8,9,10

---

## **4 september** | donderdag

*Een nieuwe toekomst* Deuteronomium 29:1-14

Staan aan de grens van het land van belofte. Dat was zo voor het oude Israël dat uittrok uit Egypte. En ook zo voor het volk in ballingschap in Babel. Maar dat is in feite tot op de dag van vandaag nóg zo voor al Gods kinderen. Maar geloven we dat ook? Hebben we inzicht gekregen, zijn onze oren en ogen geopend? Mozes stuit op ongeloof. Je vraagt je met steeds meer verwondering af hoe God zich toch blijvend aan zijn volk wil verbinden. Hoe Hij het toch steeds weer zijn vertrouwen schenkt. Steeds maakt Hij een nieuw begin. Plechtig wordt het gesloten, het nieuwe verbond. En Hij bevestigt het van kind tot kind! Elke nieuwe generatie krijgt een nieuwe kans! Ik beluister er het woord 'verzoening' in.

Psalm 105:3,4,18

## **5 september** | vrijdag

*Hoe het zo ver kon komen* Deuteronomium 29:15-28

Vandaag, dat is de tijd van de ballingschap. Het gaat om de ballingschap. Zij staat in de lijn der geslachten die een hele geschiedenis achter zich hebben. Van die geschiedenis valt te leren. Ze zullen toch niet in dezelfde fouten vervallen! Het moet echt anders!

Daartoe is het alles opgeschreven en wordt het hun voorgehouden. Het volk beseft dat het aan henzelf lag. Dat het schuldig is gebleken. Dat het de verleiding niet kon weerstaan om te doen als de andere volken. En dat, terwijl het juist geroepen was om de HEER hun God alleen te dienen. Juist nu ze aan de grens van een nieuwe tijd staan, moet de vraag hoe het zo ver heeft kunnen komen, eerlijk beantwoord worden. Opdat het niet weer gebeurt.

Lied 858

---

## **6 september** | zaterdag

*De grote ommekeer* Deuteronomium 30:1-10

In deze verzen staat zeven keer een vorm van het werkwoord omkeren. Hier wordt een situatie geschetst waarin de les is geleerd en de HEER met hart en ziel wordt gehoorzaamd. Licht breekt door in het donker, perspectief wordt geboden op een mooie toekomst. Dat doet 'bekering'. God keert zich dan ook om! Van overal vandaan waarheen ze verstrooid waren, zal de HEER zijn kinderen thuishalen. En de geboden en voorschriften zullen geen dode letter zijn.

Hier zit ook onze wereld op te wachten!

Lied 871

## waarom ik bid

ik bid uit teleurstelling
om alles wat nooit was
en hier nooit zal zijn

ik bid uit heimwee
om alles wat ooit was
en hier nooit meer zal zijn

ik bid uit verontwaardiging
om alles wat was en is
en nooit had moeten zijn

en ik bid uit verlangen
om alles wat
ooit altijd zou moeten zijn.

R.L. Algera, *Al het goede*, uitgegeven in eigen beheer, 2019

---

## **7 september** | zondag

*De beslissende keuze* Deuteronomium 30:11-20

Leven, en dan góéd leven, kunnen we dat wel? Wij, die keer op keer faalden en ten slotte op het nulpunt belandden? Zijn we niet onbekwaam tot enig goed en geneigd tot alle kwaad gebleken? Leven conform de regels in het verbondsboek? Vergeet het maar. Een onbereikbaar ideaal is het!

Toch niet! De geboden zijn niet te zwaar voor ons en liggen niet buiten ons bereik. We kunnen ze volbrengen! Zeker, het leven is een waagstuk. Maar wij zijn geroepen om te leven. En daarin de goede keuzes te maken. Wij kunnen ons niet onttrekken aan de opdracht God lief te hebben door de weg te volgen die Hij ons wijst. Jezus citeerde deze tekst en zei: 'Doe dat en je zult leven!'

Lied 316

## **8 september** | maandag

*Onmisbare zegen* Deuteronomium 31:1-8

Het is niet gebeurd. Laat ik daarmee beginnen. Ik bedoel dat uitroeien. Later blijken de volken er nog gewoon te zijn in Kanaän. Dit is dan ook geen historie, maar profetie. De nadruk valt in deze verzen op de ambtsoverdracht. Jozua wordt de nieuwe leider, door God zelf aangewezen. Het is geen lichte taak die hij te vervullen krijgt. Maar de HEER zelf zal met hem gaan. Het volk zowel als zijn leider mag gaan met dezelfde zegen: De HEER zelf gaat voor hen uit, zal hen bijstaan en geen moment van hun zijde wijken. Geloof je dat, dan word je vastberaden en standvastig. Dan ben je niet bang en laat je je niet ontmoedigen.

Goed om bij onszelf na te gaan hoe het met óns geloof in de zegen gesteld is.

Lied 416

---

## **9 september** | dinsdag

*Liturgische teksten* Deuteronomium 31:9-18

Mozes spreekt straks niet meer. Of toch nog wel. Want wat hij zei, wordt opgeschreven en moet steeds weer worden voorgelezen. En zo blijven zijn voorschriften deel uitmaken van de geestelijke bagage van het volk.

De gewoonte bestaat in bepaalde kerken om er zondag aan zondag de Tien Woorden te laten klinken. Je leert ze zo uit het hoofd. Als regel der dankbaarheid of om je je tekort en je zonde te binnen te brengen. Dan zijn de geboden aansporing en aanklacht tegelijk. Zo moet ook de boekrol met de voorschriften van Mozes gaan functioneren in een liturgische setting. Om de zeven jaar op het Loofhuttenfeest in het jaar van de kwijtschelding.

Die kwijtschelding is vertroostend. Zeker, omdat in Deuteronomium bij herhaling wat het volk aan schuldig verleden achter zich heeft, in herinnering wordt gebracht.

Lied 310

## **10 september** | woensdag

*De kracht van het lied* Deuteronomium 31:19-29

Je kunt kinderen en volwassenen teksten inprenten door ze voor te lezen. Maar nog beter werken liederen! Mozes moet een lied opschrijven. Hij moet het de Israëlieten uit het hoofd laten leren. De motivatie is, dat het volk hardleers zal blijken te zijn. Het lied dus als middel om te waarschuwen. Dat wordt zingen tegen de klippen op. Mozes doet dat. Ten aanhoren van de verzamelde Israëlieten. Vreemd eigenlijk, dat we bij Mozes niet meteen aan een zanger denken, terwijl hij toch een lang lied zingt van begin tot eind. Het leest als een samenvatting van het belangrijkste uit het hele boek. Je zou het Mozes' testament kunnen noemen.

Ik weet dat er lezers van deze Bijbelse Dagkalender zijn die zich de gewoonte hebben aangewend elke dag het daarbij aangegeven lied (samen) te zingen. Een aanrader!

Psalm 146a:1,2,7

---

## **11 september** | donderdag

*Gods eer op het spel* Psalm 74

De dichter legt de focus helemaal op het (niet) handelen van God. Hij doet een beroep op Gods eergevoel. Dit kan Hij toch niet over zijn kant laten gaan, dat de vijanden zo huishouden in de tempel? Dat zij de synagogen afbranden? 'Waarom slaat U niet toe? U bent toch onze koning die verlossing brengt!'

En dan wordt de macht van God uitgebreid getekend. Met zijn scheppingsdaden. Ook met mythische beelden van monsters die door Hem verpletterd werden. Hij is dus bij machte toe te slaan. Waarom tolereert Hij dan dat ze zijn naam door het slijk halen?

Het treft mij hoe persoonlijk het wordt hier. Hoe vrijmoeding de dichter de HEER hier op zijn gemoed gewerkt wordt. En dan die aandoenlijke aanduiding van het volk met 'uw duifje'. Bij de vraag niet vergeten te worden.

Psalm 79:1,2,4,5

## **12 september** | vrijdag

*Verstoorde harmonie* Deuteronomium 31:30–32:14

Prachtige poëtische beelden komen we tegen in het lied van Mozes. Het beeld van God als de boven zijn jongen zwevende arend. Van Israël als Gods oogappel. Die beelden spreken van een tederheid. We lezen over de overvloed waarmee de HEER zijn volk bedeelt. Het herinnert ons aan de zegeningen die we eerder lazen. 'Heer, ik hoor van rijke zegen!' Als stoorzender klinken daardoorheen woorden over de ontrouw van zijn kinderen. Zij wilden geen kinderen zijn van deze Vader. Hoe ondankbaar, hoe dwaas. Ze hebben hun leven aan Hem te danken, maar daar denken ze niet aan.

Het wordt zo een verdrietig lied. Het zette zo mooi in met een lofprijzing en liet niet na de liefdevolle zorg en bescherming van God in beelden te bezingen. De toon was gezet, zou je denken. Mooi niet. Liefde vraagt om wederliefde.

Lied 903:1,2,6

---

## **13 september** | zaterdag

*Rampzalige gevolgen* Deuteronomium 32:15-25

Hoe zullen deze woorden geklonken hebben? Donkere tonen, neem ik aan. Het kan ons niet meer verrassen. En toch ... Wat is dat toch in ons om bij onze weldoener weg te willen lopen. In ieder geval tergen we Hem, God, ermee. Met alle gevolgen van dien. Ook in het lied kan deze les uit het verleden niet ontbreken. Eerlijkheidshalve en als waarschuwing.

Ik moet denken aan vertellende psalmen als Psalm 106, waar we dit ook vinden. Maar ook aan Lied 859: Schuldig staan wij voor U, Heer. Een hedendaags lied waarin dezelfde toon wordt aangeslagen.

Mozes zingt nu nog in zijn eentje, maar leert het lied aan, opdat men hem zal bijvallen. Samen zingen verbindt. Het lied schept een mogelijkheid om solidair te zijn met elkaar. Zowel in de lofprijzing als in de noodkreet als in het belijden van schuld.

Psalm 81:9-14

## hopen is

durven schreeuwen
en weigeren te geloven
dat het niet gehoord wordt

durven huilen
en weigeren te geloven
dat het niet gezien wordt

pijn hebben
en weigeren te geloven
dat het niet meegevoeld wordt

vast zitten in de nacht
en weigeren te geloven
dat het nooit meer dag wordt

het genoeg vinden
en weigeren te geloven
dat het niet begrepen wordt.

R.L. Algera, *Al het goede*,
uitgegeven in eigen beheer, 2019

---

## **14 september** | zondag

*Hij komt de aarde richten* Deuteronomium 32:26-35

Het oordeel begint bij het huis Gods (1 Petr. 4:17). Israël ging niet vrijuit en werd niet gespaard. Het lied is daar duidelijk over. Maar ook de volkeren zullen ondervinden dat de HEER recht doet. Dat de rots waarop zij steunen niets is naast de rots van Israël.
Ze staan zonder dat in te zien in een afhankelijkheidsrelatie tot de Eeuwige. Ze danken aan Hem hun speelruimte. Zo zijn ze zelfs, zonder het te weten, een instrument in Gods hand bij het oordeel over zijn volk. Maar laten ze zich niet vergissen, de rekening voor hen komt ook nog wel.
Wie denkt hierbij niet aan de grootmachten van vandaag die volken aan zich onderwerpen en verdrukken.

Psalm 98:1,2,4

## **15 september** | maandag

*Nietswaardige goden* Deuteronomium 32:36-44

De HEER zal zijn volk recht doen. Dat betekent hier: voor zijn volk opkomen. Ze hebben dat niet verdiend. Ze liepen immers andere goden na! Waar zijn die goden dan nu? Waar is de rots waarop zij steunden? Naast de HEER is er geen andere God. Dat zullen ze nu toch wel met schade en schande geleerd hebben.
Dat moeten ook wij steeds weer leren. Want vertaald naar vandaag mogen wij ons ook wel afvragen op welke goden wij steunen en wat ons dat gebracht heeft en brengt.
Het lied eindigt met de wraak op Gods vijanden en het uitwissen van de schuld van zijn land en zijn volk. Dat heet genade, onverdiende goedheid.

Psalm 103c:1,3

---

## **16 september** | dinsdag

*Het land zien* Deuteronomium 32:45-52

Mozes sterft, maar zijn verhaal gaat verder. Met Mozes kijken we naar het land van belofte in de verte. Zal het ooit nog anders worden op deze aarde? Zal er ooit een dag van de vrede zijn? Zullen we ooit mens worden zoals God ons heeft bedoeld?
Dit visioen laat ons nooit meer los. Deze droom houdt ons wakker. Mozes' woorden brengen het visioen dichterbij. Want hoeveel vervloekingen er ook gespuid zijn, de zegeningen hebben ze niet kunnen overwoekeren. Het zijn evenzovele beloften van het land van ooit.

Lied 753

## **17 september** | woensdag

*Alles verhaalt van u* Psalm 148

Psalm 148 zingt onafgebroken een Halleluja voor God. Alles zingt, van de hoogten tot de diepten, van de hemel tot de aarde, de bergen, bomen en weersverschijnselen. En, ten slotte, ook de mens. Wij moeten in onze tijd vanwege klimaatverandering en de ecologische crisis onze relatie met de aarde opnieuw bezien. Voor de psalmisten was het echter vanzelfsprekend: alles wat is, looft God, en de mens is 'gewoon' onderdeel van de lovende schepping. Zouden wij deze eerbied voor de 'natuur', de dieren en planten, weer kunnen, of moeten, hervinden? Immers hebben we de macht in handen om het loflied van de schepping de mond te snoeren. Alleen wanneer heel de schepping zingt, is het werkelijk een loflied voor God.

Psalm 148

---

## **18 september** | donderdag

*Vreugde in de hemel* Lucas 15:1-10

Als antwoord op de farizeeën die hun neus ophalen omdat Jezus met zondaars, mensen zonder aanzien, aan tafel zit, vertelt Hij een verhaal dat eveneens over mensen zonder aanzien gaat. Ook al was koning David herder, dit beroep stond niet in hoog aanzien. En een 'slordige' vrouw die misschien wel een deel van haar bruidsschat kwijt was... Jezus wil duidelijk maken dat iedereen ertoe doet en dat God niet te beroerd is om zijn spiegelbeeld in iedereen te zien, vrouw en man, mensen met en zonder aanzien. Okke Jager schreef hierover: Zonder ons is de hemel geen hemel voor Hem. De vreugde is er, wanneer alles en iedereen gevonden is. De twee verhalen vullen elkaar aan: de vreugde is compleet wanneer wij gevonden zijn, maar ook wanneer God vindt. Het perspectief verschuift, van man naar vrouw, van gezocht worden naar zoeken. God kiest niet voor zelfredzaamheid, maar zet juist alles opzij om de hemel werkelijk hemel te laten zijn, doordat iedereen in de vreugde deelt.

Lied 896

## **19 september** | vrijdag

*Kiezen voor vrijheid* Lucas 15:11-20a

In onze tijd wordt weleens een erfenis al voor het overlijden geschonken. In de tijd van Jezus echter niet. Jezus Sirach schreef in de derde eeuw voor Christus: 'Op uw laatste dag, als u leven voleind is, ja, als de dood is gekomen, verdeel dan uw erfenis.' De jongste zoon doet alsof zijn vader nu al dood is, alsof er nu al wat te erven valt. En het is geen opwelling, maar een weloverwogen besluit dat hij na enkele dagen met het vermogen eropuit trekt. Is het vrijheid wat de zoon wil bereiken? Is het vrijheid wanneer we geen rekening meer houden met wie dan ook? Is het vrijheid wanneer we partij kiezen tegen andere mensen? De jongste zoon komt bedrogen uit. Hij eindigt lager dan de varkens, onrein volgens de Joodse traditie. Partij kiezen voor een vrijheid die voor God geen vrijheid is – je zou wel meer kunnen verliezen dan je bezit alleen.

Lied 185

---

## **20 september** | zaterdag

*Vrijheid door liefde* Lucas 15:20b-32

De terugkeer van de verloren zoon kent een grote ironie. Hij was op zoek naar vrijheid. Vrij zijn van zijn vader, vrij van de traditie, zich laten beperken door een ander, vrij zijn van God. Als je dan berouwvol terugkeert, omdat het thuis nog steeds beter is dan los ervan zijn, dan zou je zeggen dat de jongste zoon zijn vrijheid weer moet inleveren om uit de hand van zijn vader te eten. Maar niets is minder waar. De vader doet hem een ring aan zijn hand. Pas met een ring aan de vinger toont een oosterling als een vrij mens in die tijd. Door zich te binden, wordt de zoon een vrij mens. De oudste zoon moet ook nog leren wat vrijheid is: in de relaties die je gegeven zijn, kun je een vrij mens worden. Alleen wanneer je liefhebt, weet je wat vrijheid werkelijk is.

Lied 185

Alles verhaalt van u
Alles bezingt u
Niets ademt zonder u
Alles is één.

Winter wordt licht door u
Zomer bekroont u
Glansrijk het morgenuur
Avond in dank

Naam boven elke naam
Hart van ons mensen
Geest die de liefde is
Ziel van mijn ziel.

Maria de Groot, John Bell, *Psalmen anders. Aanvulling bij Liedboek. Zingen en bidden in huis en kerk*
Psalm 148a

---

## **21 september** | zondag

*De humor van de rijken* Lucas 16:1-9
Het is een vreemde zaak: de rentmeester wordt ontslagen omdat hij administratief een puinhoop ervan maakt, en in plaats dat hij probeert de puinhoop op te ruimen, bedriegt hij de rijke man nog meer. De rijke man ziet blijkbaar de humor ervan in. En God ook. Het evangelie relativeert de waarde van geld. Ja, je hebt het nodig, maar trek er nou niet te hard aan. Waar ik me altijd over verbaas, is dat het begrip 'rentmeester' ook vaak wordt toegepast op onze manier van omgaan met de aarde. Alsof we de aarde in financieel beheer hebben. Juist wanneer het gaat om onze omgang met de natuur moeten we misschien wel de waarde die we aan geld hechten loslaten en keuzes maken die niet economisch, maar ecologisch zijn. En juist de rijke mensen zouden daarvan de humor moeten inzien.

Lied 992

## **22 september** | maandag

*Mammon* Lucas 16:10-18

Mammon is niet hetzelfde als geld. Het is de vergriekste vorm van een Aramees woord dat staat voor weelde en rijkdom. Jezus heeft het over geldzucht, over oneerlijkheid, smerig geld. Dat is goed om te weten, want geld hebben we allemaal nodig. Geld hoort zelfs bij de liturgie: de collecte. Zonder geld geen diaconie of kerk. Zonder geld geen dagelijks leven. Maar we moeten er ons ook niet te makkelijk van afmaken en denken dat rijkdom onschuldig is. We horen tot de rijkste mensen van de wereld en het mondiale financiële systeem is gebaseerd op smerig geld. We kunnen er niet zomaar uit stappen, maar het geeft ons wel de opdracht om rechtvaardig met ons geld om te gaan. De hemel heeft met de aarde van doen, hoe wij met onze rijkdom omgaan staat niet los van onze dienstbaarheid aan God.

Lied 995

---

## **23 september** | dinsdag

*Wanneer de heelheid ontbreekt* Psalm 38

De psalm doet me denken aan Job die met een scherf op de mesthoop zijn wonden krabt. Maar Job houdt vol dat hij onschuldig is. De psalmist bekent schuld, maar streeft ook naar het goede. Komt zijn miserabele toestand door zijn zonden? Dit is een vraag van ons, maar niet van de psalmist. Hij klaagt over het ontbreken van heelheid dat zich uit in zijn vlees, maar ook in de isolatie van de medemens. ‘Vlees en been’ tekent immers de mens als medemens. Wanneer die relatie ontbreekt, dan ontbreekt de heelheid, dan is de mens ziek. De psalm eindigt met het vertrouwen op God die de heelheid herstelt: Heer, U bent mijn redding, *jesjoea* in het Hebreeuws, de messias die wij in de mens uit Nazaret hebben gezien.

Psalm 38:1,2,7,12

## **24 september** | woensdag

*De eerstgeborene en zijn zegen* Deuteronomium 33:1-7

De komende dagen lezen we de zegening van de stammen, de zonen van Israël. Dit is de tweede zegen. De eerste zegen werd door Jakob-Israël op zijn sterfbed uitgesproken, aan het einde van het boek Genesis (Gen. 49). Nu, aan het einde van het boek Deuteronomium, het einde van de Thora, wordt de zegen door Mozes uitgesproken. Geen toeval, het is een echo, die teksten hangen met elkaar samen, en de verhalen over de zonen in Genesis vertellen over de stammen. Ruben, de eerstgeborene, krijgt een minimale zegen mee: hij heeft zijn eerstgeboorterecht verspeeld doordat hij met de bijvrouw van Jakob het bed deelde. Juda trad in zijn plaats. God moet hem terzijde staan, want in Juda wordt de messias geboren.

Lied 418:1-3

---

## **25 september** | donderdag

*Zegenkracht* Deuteronomium 33:8-12

Mozes zegent Levi en Benjamin. Mozes was zelf uit de stam Levi. Zou Mozes daarom het ambt van de Levieten zo zegenen, de bediening van de Thora en de liturgie in de tempel? Vader Jakob is minder mild over Levi: hij en Simeon worden aangeklaagd voor hun woede. Simeon zal verstrooid worden onder Israël. Geen toeval dat Simeon ontbreekt in de zegen van Mozes. Des te tederder zijn de woorden over Benjamin, de jongste, de zoon van de geliefde vrouw Rachel van Jakob. Benjamin is niet priester, maar oogappel van God. Bij God mag hij schuilen. In lieve woorden schuilt zegenkracht. Probeer het eens uit bij jouw geliefde oogappel.

Lied 416

## 26 september | vrijdag

*Eén die droomt voor heel de aarde* Deuteronomium 33:13-21

Ook in de zegen van Mozes steekt Jozef weer boven zijn broers uit. De dromer, verkocht door zijn broers aan slavernij, aan de dood. En juist hij zal zijn broers bewaren, zal redding zijn voor velen. De God die Mozes in de doornstruik aansprak, zij ook met Jozef. Als er één gezegend is, worden met hem allen gezegend. Dit geldt met name voor Jozef. Hij droomt niet voor zichzelf, maar voor heel de aarde. Op de drempel om een thuis te vinden, wordt met Jozef heel de aarde gezegend. Jozef als broodbrenger voor allen; het doet me denken aan een andere broodbrenger, één die erin geloofde dat er genoeg voor iedereen is wanneer je brood en vis met elkaar deelt.

Lied 166b

---

## 27 september | zaterdag

*Israëls God: onvergelijkbaar* Deuteronomium 33:22-29

Mozes sluit de zegen over de stammen van Israël af met het noemen van de bijzondere naam van God. Wie evenaart uw God, Jesurun? Jesurun, de koosnaam van Israël, heeft een God die onvergelijkbaar is met andere goden, omdat die God zich zo heeft ingelaten met, zich zo heeft bekommerd om dat kleine, nietszeggende slavenvolkje dat uit Egypte is bevrijd. En zoals God onvergelijkbaar is, zo is ook dat volkje onvergelijkbaar: het krijgt de zegen mee om in een land te wonen dat niet van hen is. De verhalen van de landinname – er komen moeilijke verhalen aan. Maar ik denk: als God en Israël onvergelijkbaar zijn, dan is dat niet alleen een zegen, maar ook een roeping, een taak. Een taak om God gelijkend te worden, een evenbeeld van liefde en genade, geduld, trouw en waarachtigheid. Mozes geeft dat volk niet voor niets een zegen mee.

Lied 418:4

‘Menigeen meent dat hij God heeft en van alles genoeg bezit wanneer hij geld en goed heeft, zich daarop verlaat en er zich zo vast en stellig op beroemt dat hij om niemand iets geeft. Kijk, deze mens heeft ook een god, die heet mammon, dat is geld en goed, waarop hij heel zijn hart zet; deze is de meest voorkomende afgod op aarde.’

Maarten Luther

---

## **28 september** | zondag

*De verzonnen hel?* Lucas 16:19-31

Het verhaal van de rijke man en de bedelaar Lazarus is een van de weinige bijbelse verhalen die ogenschijnlijk over de hel gaan. Het gaat in ieder geval over een oordeel en een plek van vlammen en marteling. Kerkvaders vonden dat dit verhaal geen gelijkenis is zoals het verhaal ervoor over de verloren zoon of de rentmeester. Maar waarom zou dit verhaal een werkelijke toestand van de hel beschrijven, terwijl het verhaal van de verloren zoon wel iets belangrijks wil zeggen, maar dat doet door een gelijkenis, een verhaal dat Jezus ‘verzint’? Is de hel verzonnen? Wat het verhaal over de hel in ieder geval wil zeggen: het is menens. De kloof tussen rijk en arm vraagt om veroordeling die aanzet tot verandering. Om dat te horen, hoef je niet te luisteren naar de angst voor de hel, maar naar Mozes en de profeten. Dan weet je genoeg.

Lied 1001

## **29 september** | maandag

*Door de Heer gekust* Deuteronomium 34:1-12

Door zijn ongehoorzaamheid bij het water van Meriba mag Mozes het land niet betreden. Hij is nog kerngezond en toch moet hij sterven in de vlakte van Moab. Wreed dat hij zo gestraft wordt, maar is dat werkelijk zo bedoeld? Mozes belichaamt de Thora, zijn taak was het om het volk voor te bereiden op het nieuwe leven. Meer dan zijn woord kan niet worden meegenomen; daarmee moeten wij het doen.
Mozes sterft zoals de HEER gezegd had, 'naar des HEEREN mond' (SV). De rabbijnen zeggen dat de HEER Mozes met een kus heeft doen ontslapen. En God heeft hem zelf begraven – wat een wonderlijke tekst. Bij het graf moeten we deze profeet niet zoeken, maar in het levende woord. 'Waarom zoeken jullie de levenden bij de doden?' klinkt het bij het graf van Jezus. Niet het graf, maar het levende woord gaat met ons mee.

Lied 605

---

## **30 september** | dinsdag

*Waanzin* Psalm 127:1-5

Deze psalm is thuis in de pelgrimspsalmen, Psalm 120–134. Opvallend is het woord dat vertaald is met 'vergeefs'. Volgens Martin Buber zou je het Hebreeuwse woord ook met 'waanzin' kunnen vertalen. Als je het zo vertaalt, krijgt de psalm een andere lading: het is waanzin om zelf het huis te bouwen (kinderen krijgen betekende toen ook een huis bouwen) of (door je kinderen) voor veiligheid te zorgen, het is waanzin dat jij door te veel werk slaapgebrek lijdt. Maar God, de beschermer, slaapt niet, lezen we in Psalm 121, en David zal zijn ogen geen slaap gunnen voordat hij een plaats voor de Eeuwige heeft gevonden, staat in Psalm 132. De waanzin wordt voelbaar wanneer mensen slaven zijn van een leven waarin de mens, niet God, regeert. Geluk is het, wanneer we het goddelijke bouwen in en door ons leven opmerken.

Psalm 127

## **1 oktober** | woensdag

*Klagen bij God is geloven* Habakuk 1:1-11

Het profetenboek Habakuk begint met een klacht, ja een aanklacht tegen God. Het staat in de traditie van sommige psalmen en klaagliederen. Met God twisten en bij God klagen is niet blasfemisch, maar uitdrukking van geloof en van hoop. Zolang er nog gesproken wordt, zolang het onrecht aan de kaak wordt gesteld, is er ook nog hoop dat er weer recht gebeurt. We zouden dit klaaglied ook persoonlijk kunnen lezen en op ons leven betrekken, maar de context van het optreden van de profeet gaat duidelijk over een oorlogsbedreiging voor heel het volk. In zo'n situatie is het verleidelijk om met volle kracht terug te slaan, en we zien dat dit gebeurt en soms ook moet gebeuren. Maar vers 11 dreunt als profetische waarschuwing na: maak niet van je kracht een god.

Psalm 13a

---

## **2 oktober** | donderdag

*De Chaldeeën* Habakuk 1:12–2:4

In de vorige passage van Habakuk stond het er ook al: de dreiging van de Chaldeeën. Welk volk is hiermee bedoeld? Vaak wordt het Nieuw-Babylonische Rijk dat in 626 voor Christus door Nabopolassar gesticht werd, ermee aangeduid. Hun werk is ook de verwoesting van Jeruzalem in 586 voor Christus. Maar de Chaldeeën wordt ook een van de roof- en moordpartijen op Jobs bezit ten laste gelegd. En wanneer we bedenken dat Abraham uit Ur der Chaldeeën is weggetrokken, krijgt het weer een nieuwe betekenis. Het is een concrete, politieke bedreiging door een bepaald volk, maar ook de dreiging die altijd weer opkomt wanneer een volk ten prooi valt aan overheersing, geweld en kolonisatie. Door de geschiedenis van onrecht klinkt de belofte van vrede voor de rechtvaardige heen.

Lied 803:1-3

## **3 oktober** | vrijdag

*'Wee!'* Habakuk 2:5-20

We horen een aantal keren de weeklacht 'Wee hem'. Jezus gebruikt deze vorm ook in zijn aanklacht tegen de schriftgeleerden en farizeeën (Mat. 23). Daar en ook bij Habakuk gaat het in essentie erom dat mensen met macht de kleinen uitbuiten, zich verrijken aan iemand anders, geweld gebruiken, grensoverschrijdend gedrag. Je kunt het ook naar onze tijd trekken. Wie zich niet houdt aan recht, barmhartigheid en trouw, die heeft het aan het verkeerde einde. Vrede begint in het klein, hoe wij omgaan met de kwetsbaren en zwakken, de wees, weduwe en vreemdeling. 'Wee ons' wanneer wij over hun rug ons recht en onze rijkdom in stand willen houden.

Lied 156:1,2

---

## **4 oktober** | zaterdag

*Bidden is vertellen* Habakuk 3:1-19

Het laatste hoofdstuk is een gebed. Het is ook een soort samenvatting van de vorige twee hoofdstukken, maar dat past ook bij een gebed. Habakuk vertelt over de situatie waarin hij en zijn volk leven, en hij brengt dit verhaal voor de Eeuwige die kiest voor de kwetsbaren. Het gebed van Habakuk kent uitkomst. Het vertrouwen wordt verdiept, dat God zal opstaan, dat God opstaat. Door het bidden worden de ogen geopend om God, ondanks alles, soms tegen beter weten in, te zien in de opstanding. Gods kracht laat onszelf opstaan, de verwachting geeft kracht door de nacht en verborgenheid Gods heen.

Lied 156:3,4

Vlam van de Geest
verwarm ons hart
dat wij onze naaste liefhebben.

Vlam van de Geest,
verlicht ons pad
dat wij wandelen in de waarheid.

Vlam van de Geest,
wakker in ons aan
de hartstocht voor de vrijheid.

Vlam van de Geest,
smeed ons samen
tot een vierende gemeenschap.

Gebed uit Australië, W.R. van der Zee, *Vlam van de Geest. Gebeden uit de oecumene*, Kok, Utrecht 1991

---

## **5 oktober** | zondag

*Een gebed van David?* Psalm 86

Deze bekende en geliefde psalm begint met het opschrift dat het een gebed van David is. Nou ja, in het Hebreeuws staat er *le-Dawied*. Willem Barnard zegt ervan dat het David aangaat en David is de gezalfde, de uitverkorene. Gaat deze psalm dan alleen over David? Of over de gezalfde, de messias? Gaat het alleen over een individu, of spreekt de 'ik-persoon' voor het hele volk? Ik denk dat wij ons in deze psalm mogen herkennen. In vertrouwen en klacht die elkaar afwisselen. Door met deze oeroude woorden mee te bidden en te zingen, zoeken we Gods aangezicht vanuit ons leven, wat onze situatie ook mag zijn. En wanneer je zo bidt, dan gebeurt er iets, dan geeft God antwoord door onze lofprijzing.

Lied 852

## **6 oktober** | maandag

*Volhouden in het kerkenwerk* 2 Timoteüs 1:1-10

2 Timoteüs hoort bij de pastorale brieven, samen met 1 Timoteüs en Titus. Of ze werkelijk door Paulus zijn geschreven, is omstreden. In de oudheid was het vrij normaal om teksten op naam van een bekende te zetten, zo 'letterlijk' en 'geschiedkundig' als wij, lazen ze vroeger niet. Dat neemt niet weg dat 2 Timoteüs gevoed is met de theologie van Paulus, en wie weet zijn er fragmenten die teruggaan op Paulus. Genoeg voor ons om deze tekst serieus te nemen. De brief wil Timoteüs of een andere gezags- of ambtsdrager in de christelijke gemeente bemoedigen om het vol te houden in het ambt. Dat mogen wij ook horen wanneer het kerkenwerk zwaar valt: het is niet onze kerk, maar de kerk van God. Wij bouwen de kerk niet met onze daden, maar wij geven de kerk door als een gave van God.

Lied 971

---

## **7 oktober** | dinsdag

*Bewaren tot de grote dag* 2 Timoteüs 1:11-18

Vasthouden aan geloof en liefde die we in Christus Jezus hebben, brengt je niet alleen 'voordelen'. De brief getuigt van de moeilijke omstandigheden van de vroege christenen, omstandigheden die voor veel christenen tegenwoordig ook gelden. Gevangen zijn, lijden vanwege je geloof, vervolgd om wie je bent. Ik heb er haast geen voorstelling bij wat het zou betekenen om zo dapper te zijn. Maar Paulus (of hij die namens Paulus schrijft) vertrouwt erop dat God niet laat vallen, Paulus niet, maar ook niet het evangelie als richtsnoer van heilzame woorden. Maar soms hebben we een lange adem nodig, tot de grote dag. Zonder kleerscheuren brengen we het er niet vanaf, maar ook al kun je heel veel verliezen in je leven, God verliest jou niet.

Lied 657

## **8 oktober** | woensdag

*Omgekeerd succesverhaal* 2 Timoteüs 2:1-13

De schrijver noemt drie voorbeelden om iets duidelijk te maken: soldaat, atleet en boer moeten allemaal toegewijd zijn aan hun taak en hard werken. Kerkenwerk, geloof doorgeven, is vaak ook hard werken. Je moet toegewijd blijven. Maar de kern van het geloof geeft een paradoxale lichtheid: het is de gekruisigde die ook ons laat opstaan uit de dood. De gekruisigde of de gevangene zijn geen succesverhalen. Toegewijd zijn aan geloof doorgeven is daarom niet verbonden met succes, maar steunt op het vertrouwen dat wanneer we zo ver gaan dat wij met Christus sterven, we ook met Christus zullen leven. Wie verliest, die zal winnen. Wat een troost wanneer kinderen of kleinkinderen niets meer hebben met de kerk, de kerk krimpt of we geen vruchten zien van onze inzet voor het vertrouwen op God.

Lied 611

---

## **9 oktober** | donderdag

*Gebed zonder einde* Psalm 119:145-152

De lengte van Psalm 119 kun je bijna legendarisch noemen. Er lijkt geen einde aan dit lied te komen. Het is prachtig en ook heel kunstzinnig gecomponeerd. Een loflied op de woorden en instellingen van God. De kans is echter groot dat je gaandeweg het lied toch een beetje in de inhoud verdwaalt. Het zijn zoveel woorden en er komt heel veel aan bod. Eigenlijk zou ik je willen uitdagen om dit gebed zonder einde een keertje in zijn geheel te lezen. Een bijzondere ervaring is dat. De lengte van het lied is een mooie illustratie bij de inhoud. Er is een gesprek op gang gebracht tussen een mens en God. Het handelt over alles, en het gaat maar door: van de morgen tot de avond. Een heel leven lang. Een eeuwigheid. Dat het je duizelen mag!

Psalm 119:55,56,57

## **10 oktober** | vrijdag

*Liever zingen* Psalm 119:153-160

Je kunt Psalm 119 beter zingen dan lezen. Als je het lied alleen maar zou lezen, dan struikel je op een gegeven moment over alle overlappingen. Steeds weer dezelfde woorden en gedachten. Als je het lied gaat zingen, gebeurt er iets anders. Dan blijkt zo'n psalm juist heel verrassend te raken aan wat jou vanbinnen bezighoudt. Bij alles wat verandert om je heen, geven deze woorden stem aan je diepste verlangen. Dat ene wat je steeds weer nodig hebt. Waar je van leeft en wat je hoop geeft: dat Hij je ziet en redt, voor je strijdt en je verlost, je in leven houdt en tot je spreken zal. Je blijft het zingen. Vaak tegen je concrete ervaringen in. Hij is toch trouw? Precies, Hij zal het bewijzen. Het laat zich niet altijd beredeneren. Liever zing je ervan.

Psalm 119:58,59,60

---

## **11 oktober** | zaterdag

*Liefdeslied* Psalm 119:161-168

De taal van Psalm 119 is hier bepaald innig. Heel sprekende beelden buitelen over elkaar heen. De dichter gaat helemaal aan op de woorden van God. In de woorden komt Hij zelf mee. Als deze klinken, dan huivert het hart. De beloften van God zijn zeker en ook verrassend, en ze gloeien van vrolijke vreugde. Geloven in God heeft met je buitenkant als mens te maken. Het is de weg van de liefde en van de hoop gaan. Anderen laten meegenieten van wat je van de HEER ontvangt. Geloven is ook een zaak van het hart. Het heeft soms iets van een verliefdheid. Wat Hij doet en zegt, raakt je hart. Het is niet altijd goed in woorden te vangen. Je blijft het proberen, je zingt desnoods zevenmaal daags de lof. Waar je niet van kunt spreken, daar zing je van. Uw liefde is beter dan het leven.

Psalm 119:61,62,63

## Kom, Heer, wek ons op

Kom, Heer,
wek ons op,
roep ons weer!
Zet ons in vuur en vlam,
voer ons mee!
Doe ons gloeien,
wees ons liefelijk.
Laten wij
liefhebben U.
Laten wij
rennen tot U.

Johannes van Oort, *U roep ik in; Bidden met Augustinus*, KokBoekencentrum, Utrecht 2024, p. 42

---

## **12 oktober** | zondag

*Wachten* Psalm 119:169-176

Het zingen en bidden van Psalm 119 is een waagstuk. Het gaat namelijk over wachten. Wachten op God. Je krijgt in deze laatste woorden van het lied zicht op een heel radicale kant van geloven: je staat als mens principieel aan de ontvangende kant. God spreekt het eerste woord. Hij heeft het laatste woord. Jij mag en moet leven van wat Hij geeft. Dat is ook bevrijdend. Je hoeft jezelf niet te redden of zin te verlenen. Hij doet het, maar wel op zijn tijd en op zijn manier. Zijn tempo ligt vaak lager dan het onze. De negentiende-eeuwse theoloog J.H. Gunning schreef: 'Een christen is een mens die wachten kan.' Vandaag is het zondag. Een dag om te oefenen in wachten door te zingen en te bidden. Hoe eenvoudig is geloven ook nog een keer. Je hoeft alleen maar te wachten totdat Hij komt, redt en zegent.

Psalm 119:64,65,66

## **13 oktober** | maandag

*Gewoon je plicht doen* Lucas 17:1-10

Wat staat Jezus met zijn woorden dwars op de wereld die wij kennen. En, laten we eerlijk zijn, op de mensen die wij vaak zijn. Hij spreekt grote en radicale woorden over zorg dragen voor wie zwak is. Hij doet stevige uitspraken over eindeloos vergeven. De leerlingen voelen aan hoe ver dit gaat. In alles beseffen ze: dit halen we bij lange na niet. Hoe bijzonder zou het zijn als het ervan zou komen: duurzame zorg voor het kwetsbare en eindeloos liefdevol vergeven. Wat een mooie wereld zou dat opleveren. Jezus zegt: 'Ga maar gewoon doen. Daartoe ben je op aarde. En voel je vooral niet speciaal als je het probeert uit te leven.' Dat wringt. Je beseft hoe je vervreemd bent geraakt van je bestemming als mens. Wat ben ik zelf eigenlijk vaak een zwakkeling als het hierom gaat. Heb ik ook niet eindeloze vergeving nodig?

Lied 512:1,3

---

## **14 oktober** | dinsdag

*Danken* Lucas 17:11-19

Op het eerste gezicht is het vreemd. Er is slechts één genezen man die naar Jezus terugkeert om te bedanken. Waar zijn die anderen? Als je zo genezen wordt, vergeet je dat toch niet? En is het anders ook niet gewoon een kwestie van fatsoen? Ja, waar zijn die anderen? Misschien zijn ze meteen na de ontdekking van hun genezing doorgerend naar huis. Om de blijdschap te delen met anderen. Geen tijd te verliezen, er moeten verloren maanden of zelfs jaren ingehaald worden. Danken is lastiger dan je vermoedt. In het gedrang van het leven is het vaak de dankbaarheid die het eerste sneuvelt. Jezus roept ons vandaag terug. Wil je aandachtiger leren leven? Je meer bewust worden van de wonderen in en om je heen? Maak dan werk van de dankbaarheid. Geloven begint met danken. Waar wil jij vandaag voor danken?

Lied 655:1,3,4

## **15 oktober** | woensdag

*Oordeel* Lucas 17:20-37

Er zijn van die passages in de Bijbel die je misschien liever overslaat. Ze zijn zo mysterieus en zelfs duister. Of de inhoud staat je gewoon niet aan. Wat moet je ermee? Het gaat over oordeel en einde. Een grote scheiding tussen mensen die staat te gebeuren. Het is heel alarmistisch allemaal. Is dat nog van deze tijd? Ja, misschien toch wel. Op dit soort momenten voel je even weer aan hoeveel gewicht God hecht aan het leven dat Hij ons gaf. En dat Hij de keuzes die we in ons leven maken ook heel serieus neemt. Misschien wel serieuzer dan we het zelf soms doen. Sta jij in deze wereld van zoveel duisternis en onrecht aan de goede kant? Waar zou jij je eigenlijk in Gods naam over moeten opwinden? Of zijn we net zo slaperig geworden als de generaties van Noach en Lot?

Lied 756:1,2,3

---

## **16 oktober** | donderdag

*De aanhouder wint* Lucas 18:1-8

De vergelijking die Jezus hier maakt, is gewaagd. Er is een rechter die geen knip voor de neus waard is. Hij houdt niet van God en ook niet van mensen. Hij kent alleen zijn eigen belang. Je mag hopen dat zo'n rechter snel iets anders gaat doen voor zijn geld. Er is ook een weduwe. Ze eist: 'Doe recht aan mij.' Lange tijd geeft de rechter geen gehoor. Hij ervaart haar als lastpak, een oude zeur. Toch geeft hij uiteindelijk toe. Hij doet haar recht. De redenen zijn dubieus, maar de weduwe ontvangt het. De aanhouder wint. Heeft bidden zin? Waarom zou je eigenlijk God vragen om zich te ontfermen, om recht te doen? Jezus zegt: kijk eens naar die onrechtvaardige rechter en die weduwe. Als in dat geval de aanhouder al wint. Je kent God toch? God doet recht.

Psalm 75:1,2,7

## 17 oktober | vrijdag

*Stilte* Psalm 62

Judith Herzberg maakte ooit een sprekend gedicht over een 'ziekenbezoek'. Ze beschrijft hoe een vader een uur lang bij het bed van de ik-persoon zit. Als hij vertrekt, zegt zij dat het gesprek gemakkelijk is samen te vatten. Waarop hij antwoordt dat het misschien toch niet zo is en dat ze het maar eens moet proberen. De stilte spreekt een eigen taal. Soms zegt zwijgen meer dan woorden kunnen doen. Het woordje dat in Psalm 62 met 'rust' vertaald is, mag je ook weergeven met 'stilte'. Mijn ziel is stil tot God. Je hoeft niet altijd iets te zeggen om je toch gehoord te weten. Niet van alles te vertellen om gekend te zijn. Gewoon bij God zijn wie je bent. Stil zijn. Wortelen en aarden in Hem. Zeker worden. 'U, Heer, bent liefdevol.' Bij God moet niets. Is 'zijn' voldoende. Soms is zwijgen genoeg.

Psalm 62:1,4

---

## 18 oktober | zaterdag

*Onverstoorbaar* 2 Timoteüs 2:14-26

Uit de woorden die Paulus schrijft aan Timoteüs kun je afleiden dat er veel druk staat op zijn bediening als voorganger. Er gebeurt van alles. Er zijn ruzies. Er wordt stevig gediscussieerd over bijzaken die er niet echt toe doen, maar wel zorgen voor tweespalt. Timoteüs is geroepen om in die situatie leiding te geven. Dat vraagt veel van hem. Paulus geeft advies. Hij gebruikt daar veel woorden voor. Je zou ze kunnen terugbrengen tot de goede raad om te oefenen in onverstoorbaarheid. Daarbij zijn twee zaken onontbeerlijk. De eerste is: wortelen in het volbrachte werk van Jezus Christus. Hij is het fundament van de kerk. En het tweede: vriendelijk blijven. Jezus Christus voorleven aan de mensen. Of met de zinnen uit een liedje van Daniël Lohues, de troubadour uit Drenthe: 'Aardig doen tegen mensen die niet aardig doen, want zij hebben dat aardige het hardst nodig.'

Lied 793:1,2,3

## Een goed gesprek

'Soms overkomt je de liturgische genade van de ontmoeting met God als een geschenk in de omgang met anderen. Een gesprek met vrienden of zomaar een ontmoeting kan tot een plaats worden waar de HEER is en een moment waarop we het gezicht van God zien. Je kunt zo'n gesprek niet maken. Het gebeurt. (...) Het zijn gesprekken die je leven oriëntatie geven, bovenal waarin je mensen geschonken worden die het gezicht van God voor je mogen zijn, als afspiegeling van het gelaat van de Vader, dat het gezicht van Jezus is.'

Bram van de Beek, *Thuis: over de betekenis van de kerk*, KokBoekencentrum, Utrecht 2023, p. 111

---

## **19 oktober** | zondag

Goede wijn — 2 Timoteüs 3:1-9

Paulus schetst een somber tijdsbeeld van de laatste dagen tot aan Jezus' wederkomst. In grauwe bewoordingen beoordeelt hij de handel en wandel van de meeste mensen. Daar is weinig van Jezus bij. De sfeer wordt harder. Egoïsme viert hoogtij. Het gaat de kerk ook niet voorbij, waarschuwt hij. Hij zet zwaar aan. Te zwaar? Is het retorische overdrijving? Dat zal er ook wel bij zijn. Toch is het dat niet alleen. Is het tijdsbeeld dat hij schetst voor ons vandaag ook niet verdrietig herkenbaar? We leven in een postchristelijke samenleving. Om je heen zie je het gebeuren: minder Jezus. En wat komt er voor Hem in de plaats? Je houdt je hart vast. Bijzonder is dat Paulus niet pessimistisch eindigt. Het is met het evangelie als met goede wijn. Die behoeft geen krans. Die bewijst zichzelf.

Lied 755:1,2

## **20 oktober** | maandag

*Ankerplaats* 2 Timoteüs 3:10–4:8

De brief van Paulus leest niet als een aardig niemendalletje. Het is veel meer dan dat. Hij schrijft over zijn naderende dood. Zijn brief bevat niet minder dan een laatste woord. Oog in oog met zijn eigen einde, ziet Paulus extra scherp; de zegen, maar ook de sores van het geloof. De liefde en genade van God mogen ontvangen, het is fantastisch. Echt het einde! Het valt echter niet mee om de weg van het geloof tot het uiterste toe te gaan. Het is ook een krachttoer. Er zijn zoveel leeuwen en beren op de weg. Hoe houd je dat vol? Hoe blijf je op koers? Paulus schrijft: werp het anker van je leven uit in de heilige geschriften. Je zou vandaag zeggen: de Bijbel. Bij alles wat verandert, angstig en onzeker is, blijft die hetzelfde. Door God geïnspireerd. Een ankerplaats voor de aangevochten ziel.

Lied 317:1,2,3

---

## **21 oktober** | dinsdag

Genade 2 Timoteüs 4:9-22

De brief van Paulus aan Timoteüs eindigt met hetzelfde woordje als waar het mee begint: 'genade'. Het is het eerste en het laatste woordje dat Timoteüs ontvangt. Tussen die twee woorden gebeurt er van alles. Zorgen, waarschuwingen, zegeningen en bemoedigingen krijgen allemaal een plek. Het begint echter met dat belangrijke codewoordje uit het evangelie: 'genade'. En daar eindigt het ook mee. Genade klinkt in het Grieks als 'gratis' en is nauw verwant aan 'vreugde'. Daarmee is het belangrijkste gezegd. Daar kunnen ook wij het nog steeds mee doen. De liefde van God in Jezus Christus is eerst. Bron van diepe vreugde. Het is er allang voor jij ernaar kunt vragen. Je goede daden laten het niet toenemen. Het slechte wat je bedenkt, laat het niet verminderen. Genade, komt het daar niet op aan? Genade ontvangen en genadig zijn.

Lied 702:1,2,3

## **22 oktober** | woensdag

*Doorgeven* Psalm 78:1-16

Een groot deel van het leven van de vijftiger had in het teken gestaan van de drank. Hij had zich bijna te pletter gedronken. Op een dag had hij iemand ontmoet die zich echt om hem bekommerde. Het was het begin van een grote verandering geweest. Hij had het ervaren als een ingrijpen van hogerhand. Hij was zijn verslaving te boven gekomen. Nu vertelde hij overal waar hij de mogelijkheid kreeg over zijn grote fouten en over het nog grotere geluk dat met God in zijn leven was gekomen. Iemand vroeg hem naar het waarom daarvan. Hij zei: 'Ik hoop dat de generatie van nu zal leren van mijn fouten. En als ze toch in dezelfde valkuil trappen, dat ze dan zullen weten hoe genadig God is. Dat wonderen bestaan.' Je zou het een moderne variant op Psalm 78 kunnen noemen. Welk verhaal heb jij door te geven?

Lied 713:1,2

---

## **23 oktober** | donderdag

*Zelfbeheersing* Psalm 78:17-39

Psalm 78 vertelt over de reis die God met zijn mensen maakt. Op leven en dood heeft Hij zich aan hen verbonden. Maar het is geen gelukkig huwelijk. De liefde komt vooral van één kant. Het gaat over menselijk tekort. Niet zomaar een keer een missertje, maar als terugkerend refrein. Er zit aan de kant van het volk iets goed mis. Keer op keer trappen ze Hem in hun doen en laten op het hart. Hij reageert daarop. Hij is, vertelt Psalm 78, niet een of andere joris-goedbloed. Hij is een bloedwarme God, gekrenkt in zijn liefde en trouw. Het gaat in Psalm 78 ook over vergeving. Dat is echter geen goedkoop verhaal. Het kost Hem veel. 'Hij bedwong zijn toorn en joeg het vuur van zijn woede niet aan.' Een aangrijpend zinnetje. Liefde en vergeving hebben een hoge prijs. Hij betaalt die blijkbaar graag. Zelfbeheersing. Dat is een offer. Je geeft het recht op je boosheid op omwille van het welzijn van de ander.

Psalm 78a

## **24 oktober** | vrijdag

Moeite Psalm 78:40-55

Psalm 78 is een dwars lied. Als je met je vingers over de letters zou strelen, loop je het risico ze open te halen. De tekst lijkt gedrukt op schuurpapier. Vaak gaat het in onze tijd over allerlei vragen en moeiten die wij bij God kunnen hebben. Je kent de grote vragen ongetwijfeld. Ook in de kerk is er alle ruimte voor. En terecht trouwens. Het evangelie gaat al zo lang mee, dat valt van onze vragen niet om. In Psalm 78 is het echter omgekeerd. Het gaat over de moeite die God met ons heeft. In een lange opsomming wordt verhaald van de grote bevrijdende daden van de HEER. Maar zijn volk keert zich van Hem af, daagt Hem uit, krenkt Hem. Stank voor dank, heet dat in goed Nederlands. En toch; tegen de donkere achtergrond van ons wantrouwen, schittert het licht van de trouw van God.

Lied 885:1,2

---

## **25 oktober** | zaterdag

*Vurige liefde* Psalm 78:56-72

Zo'n Psalm 78 levert je waarschijnlijk een dubbel gevoel op. Bemoedigend is het incasseringsvermogen van God. Tegelijk gaat het wel heel ver met die woede en dat oordelen. Is dit niet van een heel andere orde dan wat we in het Nieuwe Testament tegenkomen? Een belangrijke leeswijzer in de kerk zegt dat je dit soort passages moet lezen vanuit Jezus Christus. Liefde is wat God drijft. Dat speelt dus ook in Psalm 78. Soms krijgt de liefde van God blijkbaar deze gestalte. Zo kras en stevig. Zo confronterend en oordelend ook. De theoloog J.H. Gunning schrijft ergens dat toorn, oordeel en straf de uiterste spits vormen van de vlam van Gods liefde. Je kijkt. Je voelt je ongemakkelijk misschien. Je weet ook: wij gaan Hem aan het hart. Hij is niet onverschillig over ons. Hij zoekt ons geluk. Ook ons duister kan Hij aan.

Lied 916

## De herfstgestalte van het geloof

'De herfstgestalte van het geloof kan zich tonen als de tijd van de oogst. Ze past het beste bij het herfsttij van het leven. De ouderdom is niet alleen verlies. Er is ook rijping van wat een leven lang is meegegaan. De scherpe kanten zijn eraf, er is een mildheid over de ziel gekomen. De oudere mens, cultureel al afgeschreven, mag uitdelen uit de voorraadschuur van zijn ervaring. Grote kans dat juist de jongere mensen er ontvankelijk voor zijn. Ouderen zijn volgens het paradigma van het christelijk geloof niet degenen die er nog even uithalen wat erin zit, maar ze zijn volgroeide gelovigen die mogen uitdelen van wat de lente en zomer hun gaven.'

Arjan Plaisier, *Overvloed en Overgave; Een caleidoscopisch geloofsboek*, Boekencentrum, Zoetermeer 2013, p. 85

---

## **26 oktober** | zondag

*Spelen* Lucas 18:9-17

De uitspraak van Jezus met het oog op de kinderen zou je op het verkeerde been kunnen zetten. Zeker in onze tijd waarin door velen de mythe van de 'eeuwige jeugd' wordt nagestreefd. Mensen zeggen soms het innerlijke kind te blijven omarmen. Maar dat bedoelt Jezus hier niet. Het is geen aansporing om niet volwassen te worden en geen verantwoordelijkheid te willen dragen. Hij vertelt ook niet dat je moet 'worden' als een kind. Hij zegt dat je het koninkrijk van God moet 'ontvangen' als een kind. De liefde van God is een geschenk. Je mag het simpelweg ontvangen. En vervolgens spelenderwijs ontdekken dat je in die liefde een vrije vogel van God mag worden. Maak je geen zorgen. Neem jezelf en je projecten niet al te serieus. Zorgen doet Hij wel. Van de wieg tot het graf en daar ver overheen.

Lied 816

## 27 oktober | maandag

*Rijkdom* Lucas 18:18-30

'Weet dat we voor jullie bidden,' zei de Nederlandse predikant. Een collega uit Kenia had hem zojuist verteld hoe hij zijn werk met weinig middelen moest doen. Deze liet het zich echter niet zomaar zeggen. Hij pareerde meteen toen hij zei: 'Wij bidden ook voor jullie. Ik geloof dat jullie dat harder nodig hebben. Wij weten precies wat ons grote probleem is, materieel en spiritueel. Jullie niet. Jullie zijn rijk, en dat heeft jullie verblind voor waar het echt op aankomt. Misschien hebben jullie ons gebed wel harder nodig.' Zo'n stem uit de wereldkerk heeft een punt. Het lijkt in ieder geval sterk op wat Jezus zegt. Hij doet niet moeilijk over rijkdom. Hij vertelt wel dat voorspoed het je heel moeilijk kan maken om het koninkrijk van God binnen te gaan.

Lied 912

---

## 28 oktober | dinsdag

*Schreeuwen* Lucas 18:31-43

Er zijn veelvoorkomende woordjes in de Bijbel waar we in de praktijk weinig mee doen. Het woordje 'schreeuwen' is er zo één. De blinde bedelaar roept naar Jezus. De omstanders zijn er niet van gediend. Ze ervaren het als hinderlijk of ongepast. De blinde man trekt zich er niets van aan. Hij laat zich niet sussen. Hij schreeuwt nog harder. Je moet het zien en horen. Een vertrokken, rood aangelopen gezicht, mond wagenwijd open. De decibelmeter slaat ver uit. Je oren piepen ervan. Jezus hoort het. Hij laat zich erdoor raken. Het komt bij Hem binnen.

In veel kerken kun je vandaag stilteruimtes vinden. Zouden er ook niet ruimtes opengesteld kunnen worden waar mensen mogen schreeuwen? Zo concreet als die bedelaar. Soms neemt geloof de gestalte aan van alleen maar 'help' kunnen roepen. Ook dat telt. Ook door zulk soort geloof word je gered, zegt Jezus zelfs.

Lied 367j

## **29 oktober** | woensdag

*Verwarring* Handelingen 18:23–19:7

Blijkbaar gaat de verspreiding van het evangelie niet vanzelf. De reizende Paulus is in staat overal mensen aan te spreken en hen voor het verhaal van de weg van Jezus te winnen. De Joden die het nieuwe geloof gaan aanhangen, hebben voldoende kennis van de Schriften. Daarmee kennen ze de basis van het verhaal over Jezus. Maar dan blijkt dat er meer nodig is dan die basiskennis. Wanneer Apollos komt en enthousiast als leraar optreedt, heeft hij toch wat extra informatie nodig. Hij wordt bijgespijkerd en kan weer door met zijn goede werk. Er is geen commissie die eerst naar zijn geloofspapieren en diploma's vraagt. Dat heeft goede en minder goede kanten. Het spreekt van vertrouwen en ruimte dat hij mag 'voorgaan'. Maar later blijkt dat er iets ontbreekt aan zijn uitleg; hij mist voelsprieten voor de Geest. Best apart voor zo'n begeesterd mens.

Lied 670:1,3

---

## **30 oktober** | donderdag

*Doordrammen of loslaten* Handelingen 19:8-22

Paulus doet wat Jezus eerder tegen zijn leerlingen zei: 'Wanneer mensen je niet willen ontvangen, schud het stof van je voeten en ga verder.' Dat klinkt als een ontspannen manier van verkondigen van het evangelie. Wanneer er afwijzing is en je gaat toch door, wordt de weerstand alleen maar groter. Daar wordt het evangelie niet mee gediend. Ouders herkennen dat wellicht, wanneer kinderen zijn afgehaakt bij het geloof. Natuurlijk kan dat verdrietig voelen, maar aandringen maakt het niet beter en schaadt ook de relatie.

In het tweede stukje van dit bijbelgedeelte klinkt een raadselachtig betoog over de zonen van Skevas. Ze worden alleen hier genoemd. Wat zouden hun beweegredenen zijn geweest om kwade geesten te bezweren? Ze worden ontmaskerd door de kwade geest zelf. Dat geeft te denken. Zoals ook het effect ervan te denken geeft; wie zich met magie heeft beziggehouden, komt tot inkeer.

Lied 723:2

## **31 oktober** | vrijdag

Oproer Handelingen 19:23-40

Wanneer economische belangen worden geschaad, ontstaat er zomaar een oproer. Paulus bereikt in Efeze en omstreken steeds meer mensen met het evangelie. Dat gaat ten koste van de handel van zilversmid Demetrius en zijn collega's, want nieuwe volgers van de weg van Jezus keren zich af van de gebruikelijke goden. Het lijkt vanzelfsprekend dat de ambachtslieden daar niet gelukkig mee zijn. Niemand houdt ervan bedreigd te worden in zijn goedlopende business. De oproerkraaiers krijgen veel inwoners van de stad mee, maar tegelijk gebeurt er iets vreemds; de meeste mensen wisten niet waarom ze bijeengekomen waren. Een interessant gegeven van alle tijden. Je kunt zomaar worden meegesleept in opwinding die je zelf niet kent. Gelukkig is er een wijze stadssecretaris die de juiste wegen wijst. Voor geschillen bestaat er een officiële weg, geen volkstribunaal. Wat een zegen is die stadssecretaris! Die wijsheid geldt nog steeds.

Lied 848:3,4

---

## **1 november** | zaterdag ALLERHEILIGEN

*Slaapverwekkend?* Handelingen 20:1-12

Knikkebollende kerkgangers zijn in elke kerk wel te vinden. Maar slapend uit het raam vallen, gebeurt hopelijk nooit. Eutychus overkomt het. Zijn naam komt één keer voor in de Bijbel. Blijkbaar vroeg Paulus wel erg veel van zijn publiek met zijn afscheidsspeech. De omschrijving van deze gebeurtenis voelt apart. De bijeenkomst is bedoeld om brood te breken. Voordat dat gebeurt, is er een toespraak tot midden in de nacht. Het valincident met Eutychus lijkt niet meer dan een lastige onderbreking. Zeker wanneer Paulus zegt dat er geen misbaar moet worden gemaakt. Dat klinkt best cru voor een dodelijke val uit het raam. Maar voor Paulus is het niet meer dan een storend intermezzo, want hij vervolgt met het breken van het brood. Ook zijn preek gaat gewoon verder, tot het begin van de morgen. Paulus laat zich nergens door verstoren. En het publiek blijkbaar ook niet.

Lied 243:4,6

Vanmorgen vond ik Vrede,
lamgeslagen voor mijn voeten.
Gewond, vleugels verbrand,
veren met drek besmeurd.
Voorzichtig pakte ik haar op
in het kommetje van mijn hand
– durfde haar nauwelijks te aaien.
Vrede koerde niet meer.

Toen ik haar snavel
vlak bij mijn oor hield,
hoorde ik haar laatste vragen,
of ik de aarde wil bestormen
met haar jammerklacht,
en ook de hemel,
om de oorlog,
weer een nieuwe.

Janneke Nijboer, Op *vleugels van verwondering*, KokBoekencentrum, Utrecht 2023, p.89

---

## **2 november** | zondag ALLERZIELEN

*Verantwoording* Handelingen 20:13-24

De ene keer schrijft Lucas beknopt over een deel van een reis van Paulus, een andere keer heb je behoefte aan een atlas om de weg die hij en zijn metgezellen gaan te volgen. Te voet en per schip zijn daar achtereenvolgens Assus, Mitylene, Chios, Samos en Milete. Als een opsomming, zonder verdere inhoudelijke uitwerking. Maar in die laatste plaats nodigt Paulus ineens een afvaardiging van Efeze uit. Wat dan volgt, voelt als een vorm van verantwoording afleggen. 'Ik heb mijn best gedaan om het evangelie te vertellen.' De achtergrond van die verantwoording blijkt een innerlijke stem te zijn; de Geest maakt duidelijk dat voor Paulus gevangenschap en vervolging wacht. Het deert hem niet, zolang hij kan doen waartoe hij is geroepen: getuigen van het evangelie. Die opdracht staat bovenaan en is Paulus meer waard dan zijn leven zelf. Zou het echt zo voelen als hij beweert? Zijn geloof mag iets kosten!

Lied 912:1,2

## **3 november** | maandag

*Afscheid* Handelingen 20:25-38

Paulus voorvoelt dat dit de laatste ontmoeting met deze broeders en zusters in geloof zal zijn. Er volgt een vorm van bemoediging, maar er klinkt ook een waarschuwing. Van buiten en vanuit het midden van de gemeente zullen er pogingen komen om de woorden van Paulus te verdraaien en verwarring te stichten. Paulus vindt het nodig zijn eigen positie nog een keer goed te beschrijven. Alsof hij op die manier wil benadrukken dat hij altijd het goede voorbeeld heeft gegeven. Het is interessant dat Paulus een spreuk van Jezus citeert: 'Geven maakt gelukkiger dan ontvangen.' Zo letterlijk heeft dat uit Jezus' mond nooit geklonken. Dat woord voelt op deze plek wat onbescheiden. Bedoelt Paulus dat hijzelf meer gegeven heeft dan ontvangen? Na een gezamenlijk gebed zijn er omhelzingen en tranen. Want wie wil afscheid nemen van iemand die zoveel heeft betekend?

Psalm 116:4,7

---

## **4 november** | dinsdag

*Overwinning* Psalm 76

Psalm 76 lijkt een danklied voor de overwinning. De psalm doet vermoeden dat er een belegering rond Jeruzalem is geweest. Het tactisch spel van het leger heeft de doorslag niet gegeven, het wordt niet eens genoemd. De overwinning is volledig te danken aan God. Het wapentuig van de vijand is gebroken. Krachtpatsers zijn in hun slaap overvallen. Ruiters en paarden zijn verloren gegaan. Het is een lied vol geweld. Eerlijk gezegd horen we zulke taal liever niet. God en geweld, dat gaat in onze beleving niet samen.

De dichter denkt daar anders over. Hij erkent dat goddelijk ingrijpen heeft geleid tot de overwinning. Daarmee erkent hij de grootheid van God en de kleinheid van de mens. In de psalm voel je huiver en angst voor God. Ook dat is geen taal waarbij wij ons thuis voelen. Voor deze dichter is het nodig én dient het een doel: God redt wie vernederd wordt.

Psalm 76:4

## **5 november** | woensdag

DANKDAG

*Gevonden!* Lucas 19:1-10

Het verhaal over Zacheüs is een mooi, beeldend verhaal. Je ziet hem tobben om een plek buiten het zicht van de menigte te vinden. Liefst ook trouwens buiten het zicht van Jezus, maar dat mislukt. Een van de kwaliteiten van Jezus is dat Hij oog heeft voor wie niet zichtbaar wil zijn. Jezus is open en uitnodigend naar Zacheüs. De theoloog Tomáš Halík ziet in onze tijd ook veel Zacheüssen. Hij beschrijft ze als mensen die niet meer de geijkte wegen van kerk en geloof gaan, maar wel interesse en een zekere nieuwsgierigheid bezitten naar drijfveren van anderen. Het zijn geen mensen die zichzelf graag op de voorgrond zetten. Ze blijven wat op de 'achterste kerkbank'. Maar ze bieden wel iets: het vermogen om vragen te stellen vanuit diepgevoelde belangstelling. Het is tijd in eigen omgeving uit te kijken naar Zacheüs. Wie weet hoe leerzaam dat kan zijn!

Lied 531:2

---

## **6 november** | donderdag

*Over inzet gesproken* Lucas 19:11-28

Wie de gelijkenis van de talenten een beetje voor ogen heeft, wordt door dit bijbelgedeelte wat in verwarring gebracht. De evangelist Lucas maakt een eigen variant van het meer bekende verhaal. Er zijn tien dienaren die een vast bedrag krijgen met daarbij de opdracht om er iets mee te doen. Bij terugkeer van de eigenaar worden er maar drie ter verantwoording geroepen. En dan is er ook nog zo'n intermezzo over tegenstanders die deze belangrijke mens niet als koning of leider willen erkennen en protest aantekenen. Cruciaal bij de betekenis is wellicht het eerste vers van dit gedeelte: Jezus is dicht bij Jeruzalem en de verwachtingen over de komst van het koninkrijk zijn hooggespannen. Dit gedeelte vertelt dat die komst niet vanzelf gaat. De 'man van voorname afkomst' heeft tegenstanders, én er zijn medewerkers nodig om dat koninkrijk waar te maken.

Lied 756:1,2

## **7 november** | vrijdag

*Vasthoudend* Handelingen 21:1-14

In het gedeelte hiervoor, in hoofdstuk 20, is het Paulus zelf die aangeeft dat hij weet dat hem in Jeruzalem geen warme ontvangst wacht. Maar nu zijn er ook anderen die dat bericht door de Geest ontvangen. Natuurlijk volgen dan pogingen om Paulus tegen te houden of op andere gedachten te brengen. Met woorden en met gebaren, zoals Agabus doet. Beeldend, met handen en voeten gebonden door de riem van Paulus. Aandringen helpt niet. Paulus is niet te vermurwen. Jeruzalem is zijn voorlopige eindbestemming. Of er een gevangenneming wacht of zelfs de dood... hij moet gaan. Zijn medereizigers doen er het zwijgen toe. Ze gebruiken daar wel een bijzondere spreuk bij: 'Laat gebeuren wat de Heer wil.' Op welke manier wil de Heer dit? In hoeverre is het ook gewoon wat Paulus wil? Soms kan dat gezegde zomaar een vrome dooddoener zijn.

Lied 909:1,3

---

## **8 november** | zaterdag

*Wantrouwen* Handelingen 21:15-26

In eerste instantie lijkt de angst voor vervolging of gevangenneming ongegrond. Er is een gastvrije ontvangst en er wordt met aandacht en dankbaarheid geluisterd naar het verhaal van Paulus. Wat er vervolgens gebeurt, voelt een beetje raadselachtig. Paulus wordt uitgenodigd zich aan te sluiten bij vier mannen, die door een reinigingsritueel, offers en afscheren van hun haar blijkbaar als zeer betrouwbaar worden gezien. Wanneer hij dat doet, zal de gemeente in Jeruzalem het wantrouwen ten opzichte van Paulus makkelijker kunnen loslaten. Rond een eerdere reis is het onderliggende probleem al uitgebreid aan de orde geweest. In Handelingen 15 wordt erover geschreven. De cruciale vraag is: moet iedereen voldoen aan de Joodse wetten en gebruiken? Eerder leek het of Paulus ruimte kreeg om nieuwe gelovigen uit de volken welkom te heten zonder verplichting te voldoen aan alle Joodse wetten. Blijkbaar heeft niet iedereen daar ten volle 'ja' op gezegd.

Lied 969

Charlie Mackesy, *De jongen, de mol, de vos en het paard*, KokBoekencentrum, Utrecht 2020, p. 63

---

## **9 november** | zondag

*Beschuldigd en beschadigd* Handelingen 21:27-36

De afleidingsmanoeuvre heeft uiteindelijk niet het gewenste resultaat. Joden uit Efeze hebben geen boodschap aan de metgezellen van Paulus en jutten de boel op. Hun beschuldiging hangt samen met de al eerdergenoemde vraag of iedere gelovige alle Joodse wetten moet naleven. Maar ze uiten ook nog een concrete beschuldiging. Paulus zou met de Griekse Trofimus in de tempel zijn gegaan. Dat is ontoelaatbaar. Of het waar is of niet doet er niet meer toe. Paulus krijgt geen gelegenheid een weerwoord te spreken, maar wordt meegesleurd en afgeranseld. Gelukkig houdt de dienstdoende tribuun niet van opstootjes en wordt er ingegrepen. Kunnen wij iets begrijpen van de grote opwinding rond dit thema? Je zou kunnen zeggen: wees blij met elke nieuwe gelovige. Of leven er ook in 2025 verwante gedachten? Hardnekkige, vaste standpunten zijn niet eenvoudig uit te roeien of los te laten.

Lied 288

## **10 november** | maandag

*Vol overtuiging* Handelingen 21:37–22:16

Paulus is niet bang. Ten overstaan van een joelende, schreeuwende menigte die hem uit de weg wil ruimen, vraagt hij het woord. Eerst is de tribuun verbaasd dat Paulus Grieks spreekt. Vervolgens lijkt het de menigte te verbazen dat hij Hebreeuws spreekt. Hij deelt zijn eigen verhaal, van vervolger van mensen van de Weg tot volger van de mens van de Weg. Onderweg naar Damascus werd hij gegrepen door licht uit de hemel. In Handelingen 9 staat de geschiedenis opgeschreven. Wie op zo'n manier openheid geeft over een belangrijke fase in het leven, maakt zichzelf kwetsbaar. Er kan instemming volgen, maar ook grote afkeer. Vooralsnog blijft het rustig en blijven mensen aandachtig luisteren. Of is het stilte voor de storm? De openheid van Paulus kan ons uitnodigen iets te vertellen over onze geraaktheid door geloof of over de stem die ons heeft geroepen. Dat is kwetsbaar, maar kan ook kostbaar zijn.

Psalm 27:7

---

## **11 november** | dinsdag

*De juiste man* Handelingen 22:17-29

De omstanders blijken bereid te luisteren naar het verhaal over het leven van Paulus. Zodra hij echter zijn opdracht van hogerhand naar voren brengt, is het over en uit. Dat willen de Joden in Jeruzalem niet horen. Ze schreeuwen: 'Weg met die man!' Dat blijft een reactie van alle tijden wanneer iemands boodschap mensen niet aanstaat. Zouden er andere reacties denkbaar zijn?

De tribuun brengt hem in veiligheid, maar krijgt vervolgens de schrik van zijn leven. Paulus blijkt als Romeins burger geboren te zijn, en niet – zoals de tribuun – zijn burgerrecht voor veel geld gekocht te hebben. Paulus is echt de juiste man op de juiste plek. Romeins staatsburger, als Jood geboren in wereldstad Tarsis, waardoor hij niet opkijkt van verschillen tussen mensen. Hij is de man bij uitstek om de brug te slaan tussen Joden en niet-Joden. Jammer dat niet iedereen daar de kracht van inziet.

Lied 967:2,3,4

## **12 november** | woensdag

*Verdriet om Jeruzalem* Lucas 19:41-48

Jezus huilt om Jeruzalem. Niet alleen door Hem, maar ook door heel veel anderen zijn in de loop van de geschiedenis tranen geplengd om deze stad van vrede. De sjalom zit in haar naam opgesloten, maar toonbeeld van vrede is Jeruzalem vrijwel nooit geweest. Jezus spreekt angstaanjagende woorden als een soort voorspelling over de stad. Hij zegt: 'Je hebt de tijd van Gods ontferming niet herkend.' Het lijkt een vraag voor alle tijden of die herkenning ooit komt. Na verdriet om Jeruzalem is er verdriet om de tempel. Lucas beschrijft het zonder tranen, maar dat de handelaars het hart van Jezus raken, voel je in zijn woorden bij deze summiere beschrijving van de tempelreiniging. Verdriet en woede kunnen dicht bij elkaar liggen. De geestelijke leiders weten geen raad met deze mens, die op een heel eigen manier zijn spoor door de stad trekt.

Lied 122:3

---

## **13 november** | donderdag

*Bevoegd of niet?* Lucas 20:1-8

Hoe krijg je vat op iemand aan wie je tegelijk je vingers niet wilt branden? Dat blijkt een heel lastige opgave voor de geestelijke leiders van het volk. Want ze weten wat ze met Jezus willen, maar zijn tegelijk bang om in de ogen van het volk verkeerde stappen te zetten. Dat laatste zou hun eigen positie schaden. Het is dus hoog tijd Jezus om zijn geloofspapieren te vragen. Vanuit welke bevoegdheid treedt Hij op? Dus dringen ze erop aan dat Hij zich legitimeert.

Weten ze zelf het antwoord? Soms krijg je het gevoel van wel. Ze wíllen het alleen niet weten, want het past niet in hun straatje. Jezus herkent hun strikvraag, kent hun spel en weigert mee te spelen. Zo worden gesprekken behoorlijk ongemakkelijk. Natuurlijk kan de vraag naar iemands legitimatie een eerlijke vraag zijn, maar op deze manier slaan de geestelijke leiders de plank mis.

Lied 835:1

## **14 november** | vrijdag

*De wereld als wijngaard* Lucas 20:9-19

Natuurlijk voelen schriftgeleerden en hogepriesters haarfijn aan dat de gelijkenis in dit bijbelgedeelte met het oog op hen is verteld. Zij zijn met hun eerdere vraag naar legitimatie van Jezus' optreden zelf de aanleiding voor dit verhaal. Ze kunnen niet anders dan met ingehouden woede naar Jezus luisteren.

De diepere lagen in de gelijkenis liggen voor het oprapen. De wijngaard is bijbels visioen van het goede leven, beeld van een land vol belofte. De wijngaard moet – met woorden van de profeet Jesaja – een plek zijn waar wie hongerig is, wordt gevoed en wie geen thuis heeft, onderdak vindt. God als grootgrondbezitter verpacht die wijngaard en geeft daarmee zijn droom van een wereld van recht in handen van mensen. Natuurlijk komt dan met regelmaat de vraag hoe het met de wijngaard gaat. Worden daar de juiste vruchten gevonden? Vruchten als aandacht, goedheid, bewogenheid en liefde? De gelijkenis is actueler dan we denken!

Lied 992

---

## **15 november** | zaterdag

*Sluwe vossen* Lucas 20:20-26

Opnieuw is er een sluwe poging om Jezus te betrappen op verkeerde uitspraken. Nu worden er zelfs spionnen ingezet. Ze moeten doen alsof ze het helemaal met Jezus eens zijn en stellen vervolgens een strikvraag om Jezus klem te zetten. Jezus doorziet de vraagstelling en stelt een treffende wedervraag. Het is leerzaam in deze situatie naar Jezus te kijken. Hij laat zich niet voor een karretje spannen, maar geeft ook geen reden om zich te laten afschrijven. Hij bezit de creativiteit buiten het spel van de sluwe vossen te blijven. Daar kun je met bewondering naar kijken en luisteren. Dit spel wordt nog weleens gespeeld, wanneer je wordt uitgedaagd te reageren op ingewikkelde godsdienstige vragen of op politieke kwesties waar je als gelovige een standpunt over 'moet' hebben. Jezus leert een zekere afstand te bewaren en laat een vorm van omdenken zien.

Lied 313:3,4

God, ik wil zingen van vreugde,
mijn hart juicht in mij!
Want door uw liefde, Heer,
door uw trouw,
ben ik gered.

Wat kan mij nog schaden?
Voor wie moet ik mij nog bewijzen?
U hebt mij aanvaard,
U draagt mij op vleugels als een adelaar;
ik kan niet vallen.

Geef mij uw liefde, Heer,
vul met uw liefde mijn hart en ziel,
mijn verstand en mijn kracht.
God, U wil ik liefhebben,
U en de mens naast mij,
de naaste die U liefheeft als mij.

Hette Domburg in: *Help ons U te vinden. 101 nieuwe gebeden*, PKN, Utrecht 2016, p. 109

## **16 november** | zondag

*Een nieuwe vraag* Lucas 20:27-40

Het houdt niet op, niet vanzelf. Met die slogan probeerde Veilig Thuis oog te creëren voor geweld achter de voordeur. Voor het mondeling geweld tegen Jezus gaat die uitspraak ook op. Nog maar net schrijft Lucas dat iedereen zwijgt, of een nieuwe delegatie vragenstellers klopt aan. Met een vraag die je nauwelijks serieus kunt nemen, nu er als toevoeging staat dat de vragenstellers zelf niet in de opstanding geloven. Wat vermoeiend voor Jezus. Hij moet altijd op zijn hoede zijn en peilen met welke intentie mensen een vraag stellen. De absurditeit van dit doorredeneren roept iets komisch op. Maar de vraag heeft ook iets tragisch. Jezus maakt duidelijk dat de aardse vragen en situaties anders zijn dan die van de wereld na deze. Dat bepaalt ook óns erbij dat we gedachten kunnen hebben over leven na de dood, maar dat die vorm van menselijk redeneren blijft.

Lied 947:1,3

## **17 november** | maandag

*In drieën* Lucas 20:41–21:4

Dit bijbelgedeelte zou een ouderwetse preek in drie punten kunnen zijn. In zo'n preek was het verband tussen de drie delen ook niet altijd vanzelfsprekend, maar werden ze uiteindelijk toch aan elkaar geknoopt. In het eerste deel stelt Jezus zelf een strikvraag en gebruikt Hij de vorm van redeneren waarmee Hij in het hele hoofdstuk geconfronteerd is. Blijkbaar heeft Hij er behoefte aan zijn tegenspelers te vangen in hun eigen net. In het tweede deel waarschuwt Jezus voor die tegenstanders. In felle bewoordingen hekelt Hij hun gewoonten van bidden in het openbaar en bewonderd willen worden. In het derde deel komt van dat laatste iets terug. Jezus laat zien dat Hij door de buitenkant van mensen heen prikt en innerlijke motieven kan blootleggen. Uiteindelijk is dat wat telt. Het gelezen gedeelte kan ons de vraag voorhouden naar onze gelovige opsmuk én onze innerlijke beweegredenen.

Psalm 139:14

---

## **18 november** | dinsdag

*Sion – een teken van tegenspraak* Handelingen 22:30–23:11

Buiten de kerk(en) kom je wel de gedachte tegen dat christenen wereldvreemde lieden zijn. Hierbij denk ik niet aan vormen van 'wereldmijding' waardoor gelovigen niet buiten de eigen kring komen. Welkom of niet, iedereen ademt de tijdgeest in. Moderne gelovigen schuwen de confrontatie. Zwart-witdenken laten we achter ons. In het Sanhedrin staat Paulus oog in oog met de religieuze leidslieden van Israël. Een confrontatie. Wat begonnen is als een religieuze rel (21:31), wordt een testcase over Paulus' vrijheid van meningsuiting. Kunnen de overheidsdienaren hem geselen, zonder een fatsoenlijk vonnis? Paulus kent zijn rechten. Hij laat zich de mond niet snoeren door de bewakers van de Wet en de wetteloze tribuun. Het evangelie 'dat de doden zullen opstaan', veroorzaakt heilzame verwarring. En dan blijken de soldaten ineens beschermers van die boodschapper te worden. Kerk en Staat: een wonderlijk bondgenootschap soms.

Lied 994

## **19 november** | woensdag

*Mensen hebben mensen nodig* Handelingen 23:12-22

Weer wat geleerd! Blijkt er een zuster van de apostel in Jeruzalem te wonen. Zij noch haar zoon krijgt een naam en ook weten we niet of zij Jezus als messias beleden. Hoe dan ook, zij behoren tot de eindeloze rij van mensen die zich belangeloos voor anderen inzetten. Hun verhaal mag ook gehoord worden, naast dat van apostelen en heiligen. Paulus' neef vangt iets op over de samenzwering tegen zijn oom en waarschuwt hem. Als het leven van anderen in gevaar is, is nietsdoen geen optie. Meer dan veertig man hebben gezworen Paulus te doden, maar de oplettendheid van één volstaat om dit voornemen te frustreren. Een heilige eed en de instemming van de hogepriester, en toch wordt hun plan verijdeld. Tegen hun fanatieke vroomheid worden gewone menselijkheid en wellicht de bezorgdheid van Paulus' zus in het geweer gebracht.

Lied 1007

---

## **20 november** | donderdag

*Niet weten waar je komt* Handelingen 23:23-35

'Rare jongens, die Romeinen', een uitdrukking die dankzij de Asterix-strips onze taal verrijkt heeft. Lezend in deze hoofdstukken zijn de Romeinen eerder beschermers dan vervolgers van Jezus' boodschappers. Wellicht schrijft Lucas dit, omdat de jonge christengemeente het liefst vreedzaam samenleeft met de Romeinse wereldmacht. Hoe dan ook, Claudius Lysias zorgt dat de apostel, onder dekking van de duisternis en zwaar bewaakt, naar Caesarea wordt gebracht. Een brief die hem vrijpleit van rebelse motieven gaat mee. 'Geheel verzorgde reis', dankzij het bevoegd gezag. In later tijden hebben Jezus' getuigen de Romeinse overheidsdienaren ook anders leren kennen. En zo ontmoet Paulus dan de procurator Felix, die gelukkig enkele dagen heeft om zich te bezinnen over het probleem waarmee Claudius Lysias hem heeft opgezadeld. Wellicht bepeinst de apostel in het pretorium van Herodes wat God met dit alles voorheeft.

Lied 559

## **21 november** | vrijdag

*Leiders houden niet van onrust* Handelingen 24:1-9

Er wordt hoog ingezet in Caesarea. De hogepriester, met religieuze leiders en een advocaat, reist 120 kilometer om een aanklacht tegen Paulus in te dienen. Welsprekend en pluimstrijkend doet advocaat Tertullus het woord. Liever in een goed blaadje bij de bezetter en hun vergoddelijkte keizer dan onrust in tempel en synagoge (hij veroorzaakt onlusten onder de Joden). Tertullus sluit handig aan bij de angst van Rome voor opstanden in de buitengewesten. En hij begrijpt ook al dat de Romeinen niet geïnteresseerd zijn in de religieuze controverse, die de hogepriester noodzaakte zich ver van Jeruzalem te wagen (reizen was gevaarlijk in die tijd). De advocaat vertrouwt erop dat Felix geen gedoe met Rome wil. Nou, luister maar naar Paulus, dan begrijpt u wel dat daar narigheid van komt. Maar Felix is niet van plan zich in dit wespennest te steken.

Lied 544:1,2

---

## **22 november** | zaterdag

*Waar het om gaat* Handelingen 24:10-21

Vertellend over Paulus' weg van Jeruzalem naar Rome voert Lucas de spanning wel op. De apostel getuigt vrijmoedig van de God die de doden levend maakt. Paulus noemt dit in zijn verdediging, omdat de aanklagers op dit punt onderling verdeeld zijn (zie 23:7). Maar voor de apostel is het tevens het hárt van zijn getuigenis, zo lezen we ook in het vierde hoofdstuk van zijn brief aan de Romeinen. Als volgeling van de Weg van Jezus – we zijn geen sekte! – is het zijn grote wens dat elk mens Gods opstandingskracht leert kennen. Hij kwam niet als onruststoker naar Jeruzalem, maar bracht giften mee voor de armen en droeg offers op in de tempel! Maar zijn aanklagers verdraaien dat tot staatsgevaarlijke daden. Felix weet waar Paulus het over heeft, maar wil zijn vingers er niet aan branden. Wordt vervolgd.

Lied 611

## Dorst die niet overgaat

Steeds opnieuw lopen wij vast
in het bestaande, onwrikbaar geachte
en het ontbreekt ons aan moed
ons daaruit te bevrijden,
en een nieuw begin te maken.
Dorsten blijven wij naar lief leven,
naar geluk dat niet bedriegt,
ons niet met lege handen achterlaat.

In onze bouwsels laat U zich niet opsluiten,
in nostalgie kunnen we niet wonen.
Ons tekort en schuld vallen niet te ontkennen,
maar groter dan ons hart is uw liefde,
krachtiger dan ons zelfverwijt de vrijspraak.

Ontferm U over wie in ons midden
wakker liggen in de nacht,
omdat de dood een schaduw werpt
over hun leven, of een nabije naaste.
Ontferm U over wie van vreugde beroofd,
vergeefs wachten op moedige diplomatie.
Zie, verderf in de loopgraven!
Zie, doffe ogen wachtend op schaars brood!
Laat niet ongewroken wie onschuldig bloeden.

Rob van Essen

---

## **23 november** | zondag

Wachten op recht — Handelingen 24:22-27

'De Heer werkt op een wonderlijke/mysterieuze manier,' luidt een Engels gezegde. Paulus is dan wel onder mild regiem gevangen, met zorg van vrienden buiten, veel schot zit er niet in zijn zaak. Felix komt, met zijn Joodse echtgenote (want Drusilla's vader was Herodes Agrippa I, en die was een kleinzoon van Herodes de Grote), om van Paulus meer over het geloof in messias Jezus te horen. Nieuwsgierigheid slaat om in vrees als Felix beseft dat niet alleen Paulus een beklaagde is, maar hijzelf ook. Gerechtigheid en zelfbeheersing: die spiegel doet de Romeinse procurator schrikken. 'Nu maar even niet.' Over gerechtigheid gesproken: Felix hoopt dat Paulus met zijn mooie woorden door de mand valt. Voor geld had hij zijn vrijheid kunnen kopen. Twee jaar lang wacht de apostel tevergeefs op gerechtigheid. Als Felix vertrekt, wil hij iedereen te vriend houden. Hij doet niet wat verwacht mag worden van een rechtschapen bestuurder.

Lied 947

## **24 november** | maandag

*Gaan waar God is* Lucas 21:5-19

De afgelopen dagen lazen we over Paulus die zich voor het Romeinse gezag moest verantwoorden. Hem overkomt niets vreemds, want Jezus heeft daar, kort voor zijn arrestatie, over gesproken. Het is de weg die Hij zelf zal gaan: Lucas vertelt straks uitvoerig over de confrontatie tussen Jezus en Pilatus. Vervolging, martelaarschap, moord: het overkomt christenen en niet-christenen in deze wereld. En ook zien we in de media de puinhopen van kerken, tempels en ziekenhuizen. Sommigen raken daarvan in de war en zeggen dat deze wereld ten ondergang is gedoemd. 'Het is niet meteen het einde,' zegt Jezus uitdrukkelijk. De toekomst is niet rooskleurig, zegt Hij met zoveel woorden. Maar juist in een wereld waarin paniek en chaos dreigen, zal van de volgelingen gevraagd worden te blijven vertrouwen. Red je leven, red levens, houd stand. Leef!

Lied 994

---

## **25 november** | dinsdag

*Hoe is het mogelijk?* Lucas 21:20-38

Eind 1944 schreef de theoloog Bonhoeffer vanuit de gevangenis van het Gestapo-hoofdkwartier een brief aan zijn verloofde. Hij sloot af met een gedicht als Kerstgroet voor de familie: 'Door goede machten trouw en stil omgeven.' Hoe kun je zoiets schrijven in de wetenschap dat iedere dag je laatste kan zijn? Op God vertrouwen in een wereld waarin de machten wankelen. Hij besluit met: 'God is met ons des avonds en des morgens, is zeker met ons elke nieuwe dag.' God met ons, Immanuel. Je moet maar durven! Het is bij hem geen vlucht in vroomheid of ontkennen van de werkelijkheid. Betere weerstand is het. Richt je op en hef je hoofd, zegt Jezus. Het koninkrijk is nabij! Václav Havel: 'Hoop is niet de overtuiging dat iets goed afloopt, maar de zekerheid dat iets zin heeft – ongeacht hoe het afloopt.'

Lied 511

## **26 november** | woensdag

*Schuld moet wel blijken* Handelingen 25:1-12

Paulus' tegenstanders vertrouwen kennelijk niet op een voor hen gunstige afloop van het proces. Ze vragen Festus – in het kader van de machtsoverdracht heeft hij iets anders aan zijn hoofd – of Paulus niet in Jeruzalem terecht kan staan. Hun voornemen de apostel te vermoorden strandt, want Festus zegt: 'Ik moet toch naar Caesarea.' Of ze zich ervan bewust zijn of niet, Lucas tekent de Romeinse bestuurders als 'beschermengelen'. Hoe onaangenaam Paulus' gevangenschap ook is, ongeweten wordt hij voor groter onheil behoed. Lucas verhaalt dat de aanklagers uit Jeruzalem om de apostel heen komen staan en dat ze, onbewezen, zware beschuldigingen inbrengen. De scène doet denken aan de psalmen, waar de onschuldige zich omringd voelt door 'buffels van Basan' (Psalm 22). Opnieuw bepleit Paulus zijn onschuld en hij beroept zich op de keizer! Dat is zijn goed recht. En Festus eerbiedigt dat.

Psalm 22:1,5,8

---

## **27 november** | donderdag

*Een balletje kan vreemd rollen* Handelingen 25:13-27

De verteller (Lucas, zo denken we) laat niets onbenut om de lezer duidelijk te maken dat Paulus het slachtoffer dreigt te worden van een gerechtelijke dwaling. Niemand wil zijn vingers aan deze zaak branden. Voor Festus is de komst van koning Agrippa wel een cadeautje: als 'lagere' beambte laat hij het oordeel graag over aan Agrippa. Agrippa, die de veelbesproken Paulus weleens zelf wil zien en wel als vredestichter op wil treden. Paulus wordt ongewild verkondiger van de Opgestane in de kring rond de keizer. Paulus heeft geen notie van dat alles, behalve dat de vrijheidsberoving hem lang gevallen zal zijn. Verschijnen voor de keizer was zijn wens geweest, dáár zou hij zich verdedigen. Maar waartegen? Maar zelfs Festus weet nog geen aanklacht te formuleren. Er wordt van alles beweerd, maar een oordeel moet op feiten gebaseerd zijn.

Lied 708:7,8,9

## **28 november** | vrijdag

*Getuige van de hoop* Handelingen 26:1-18

Wanneer mensen publiekelijk van hun geloof getuigen, roept dat meestal ongemak of bewondering op. Zingend of in een kort toespraakje van Jezus getuigen, heilsoldaten deden dat in mijn oude buurtje. De verlegenheid daarmee steekt wel af bij de opgewekte jongeren die proberen leden te winnen voor Amnesty International. Ook wie doorloopt zal denken: Ze staan voor een goede zaak. Lezend in Paulus' geloofsgetuigenis valt op dat 'hoop' bij hem een centraal begrip is. 'Dáárom word ik aangeklaagd,' zegt hij. Ondanks zijn gevangenschap en onwetend wat hem nog te wachten staat, is hij de hoop niet verloren. Hoop is voor de apostel het meest wezenlijke: 'Ook de twaalf stammen van ons volk hopen op de vervulling van de belofte!' Paulus getuigt voor Agrippa van de vrede die Gód zal geven. Niet de 'pax Romana', maar vrede sterker dan de dood.

Psalm 130

---

## **29 november** | zaterdag

*Kleur bekennen?* Handelingen 26:19-32

Mijn buitenkerkelijke moeder leek wel een beetje op Festus: 'Jongen, je verleest je verstand!' Dat kreeg ik te horen als ik weer eens in een boek verdiept was en alles om mij heen vergat. Het getuigenis van de apostel valt bij Festus niet in goede aarde. Ik vermoed zo dat de dood en opstanding van Christus hem als volslagen ongerijmd in de oren klonken. 'Het vele studeren drijft u tot waanzin!' Paulus laat zich dat niet aanleunen. Zeker, Paulus had onderricht in de Thora ontvangen. Maar het was de ontmoeting met de Opgestane waardoor hem een licht opging! Geloof en gezond verstand gaan heel goed samen. Koning Agrippa is met een Joodse vrouw getrouwd. Hij weet wat Joden geloven, en dat dwaze verhaal van de 'opstanding' moet hem bereikt hebben. Agrippa krijgt het er benauwd van. Wat gaat hij nu doen?

Lied 646

## Huis van God

De stilte voelt anders in uw nabijheid,
is meer geladen dan een simpel zwijgen.
We houden als het ware de adem in,
maken innerlijk ruimte voor verwondering.
Om ons heen een heilig huis van steen,
licht valt binnen door ingelijste verhalen.
Hier hoeft niet naar woorden gezocht:
Gij vult alles met zachte zaligheden.
Onbekenden waren we, even te gast,
toch wisten we ons gekend in dit huis.

Rob van Essen

---

## **30 november** | zondag

*Hemelse omhelzing* Psalm 85

Deze psalm is waarschijnlijk van na de ballingschap. Allereerst horen we de vreugde over de terugkeer uit Babylonië. Dankbaarheid voor die keer in het lot. Onverdiend, weer wonen in het land, straks weer vreugdevol opgaan naar de tempel. Helaas loopt dankbaarheid ons vaak als zand tussen de vingers weg. Ook toen, ieder bouwde zijn eigen huis, maar het huis van de HEER bleef in puin. Om een herleving bidt de psalmist, opdat men niet terugvalt in dwaasheid. Wat dat is? Het is handelen tegen beter weten in. Nodig zijn trouw en liefde, recht, vrede. Als God zo geëerd wordt, is er toekomst in het land. In dagen van Godsverduistering zegt de psalmist: 'Ik wil horen wat God ons zegt.' Hij hoort van een huwelijk tussen hemel en aarde, van trouw en recht die elkaar omhelzen en kussen. De Vredevorst komt!

Psalm 85

## **1 december** | maandag

*De voorhoven platlopen?* Jesaja 1:1-17

Dat hakt er wel in vandaag! Ouderen klagen soms dat er niet meer over 'de zonde' wordt gepreekt of tot 'bekering' wordt opgeroepen. Maar of Jesaja als gastvoorganger terug gevraagd zou worden, kun je je afvragen. De ballingschap werpt haar schaduw al vooruit. De woorden van de profeet zijn enerzijds een waarschuwing, tegelijk lijkt het erop dat de ramp zich al voltrokken heeft. 'Je land is verwoest, je steden zijn verbrand.' De profeet zegt dat de Eeuwige zich nog ingehouden heeft, anders zou het Israël als Sodom en Gomorra vergaan zijn. Bedenk wel, zegt de profeet, dat eredienst en liturgie geen vervanging zijn voor gehoorzaamheid en recht doen! Opmerkelijke aansporing: 'Breek met het kwaad en leer goed te doen.' Kennelijk is 'ieder het zijne geven' ons niet aangeboren. Eredienst is mooi, maar alleen als wezen en weduwen niet vergeten worden.

Lied 599

---

## **2 december** | dinsdag

*Stad van (on)gerechtigheid* Jesaja 1:18-31

In deze oproep van de Eeuwige wordt heel pregnant duidelijk dat de liturgie geen onschuldig spel is. Tot woede van zijn liturgisch ingestelde collega kwalificeerde een minder symboolgevoelige voorganger de kanselkleden (antependia) als 'gekleurde lapjes'. En toch... kleur doet ertoe, zoals ook in deze profetie van Jesaja. Israël wordt uitgenodigd tot een rechtsgeding door God. Als een melaatse (van voetzool tot kruin geschonden) komt Jeruzalem in de tempel. Het bloed van het onschuldig offer (Lev. 14), vermengd met purper, maakt zichtbaar hoe zij eraan toe zijn. Maar als Jeruzalem Gods woord hóórt en recht doet, dan mag zij weer onbevlekt voor Gods aangezicht staan. In deze adventstijd neemt de liturgie de kleur van de boete, van de omkeer aan. Zo staan we ervoor. Maar wit als sneeuw kleurt de schepping als de Rechtvaardige onder ons intocht houdt.

Lied 750:1,2,4

## **3 december** | woensdag

*Wat eerst verteld moet worden* Jesaja 2:1-5

Voorafgaand aan de heftige profetische woorden (vanaf vers 6) is het hoopvolle visioen ingevoegd dat aan de profeet Micha (Micha 4) is ontleend. In onze tijd, waarin smeltende ijskappen, milieurampen en oorlogsdreiging de hoofdmoot van talkshows vullen, maken pedagogen zich zorgen over opgroeiende jongeren. 'Je kunt niet ongestraft de toekomst in de zwartste kleuren afschilderen en mensen alle hoop ontnemen.' In prachtige poëzie tekent de profeet 'het liedje dat hij niet kan laten' (Huub Oosterhuis). Jeruzalem zal gidsstad worden, daar komt het vredestribunaal! Uitgerekend daar zullen zwaarden tot ploegijzers, tanks tot tractoren omgesmeed worden! Het laatste woord is aan de Eeuwige (Jes. 2:4), en de herinnering aan oorlog is uit de geheugens gewist. Micha's woord wordt door de profeet niet geciteerd als een 'stil maar, wacht maar', maar als een oproep: leef in het licht van de HEER.

Lied 1016

---

## **4 december** | donderdag

*Laat verdriet toe* Psalm 126

Als kind droomde ik dat ik een nieuwe fiets had gekregen. Eenmaal ontwaakt was ik bitter teleurgesteld. In deze psalm wordt de vreugde bezongen van de terugkeer uit de ballingschap: nu lijkt de werkelijkheid wel een droom! Vergeet Gods bevrijdende daden niet waarvan zelfs de volken onder de indruk zijn. Maar soms is het leven een tombola: ziekte in plaats van gezondheid, optimisme dat ten onder gaat in wanhoop. Juist dan is het zaak de zegeningen van God niet te vergeten. Je te binnen te brengen dat de ballingschap niet voor altijd was. Onze tranen zijn als zaad, de toekomst glanst erin. Laat verdriet toe, ontken de pijn niet, want God geeft de zwakke kracht, richt op wie dreigt te bezwijken. Dat is het geheim van de psalmen, het geheim van liederen waarin gedenken en verwachten samen klinken. Zingend thuiskomen.

Psalm 126a

## **5 december** | vrijdag

*Eindelijk onderdak* Handelingen 27:1-12

Er is besloten dat wij naar Italië zouden gaan, schrijft Lucas. Sommige uitleggers vermoeden dat Lucas een dagboek bijhield, waardoor hij zo gedetailleerd over de zeereis kan schrijven. Hoe dan ook: de apostel Paulus is, in verzekerde bewaring, op weg naar Rome. Naar het hart van het wereldrijk. Paulus heeft op de centurio Julius kennelijk indruk gemaakt en mag enkele privileges genieten. In Sidon mag hij zelfs vrienden – messiasbelijders – bezoeken. Het is of Lucas duidelijk wil maken dat deze Paulus geen ordinaire misdadiger of rebel is, maar gezagsgetrouw burger. Vanaf Sidon is de reis minder comfortabel en tijdig meren ze af in 'Goede Havens'. Het is Grote Verzoendag geweest – rond oktober –, dan wordt het riskant op zee. De apostel waarschuwt: schip en schepelingen lopen gevaar! Paulus is geen hemelfietser. Toch waagt de centurio de gok: geen tijd te verliezen.

Lied 941

---

## **6 december** | zaterdag

*Voor hen die zijn in nood op zee* Handelingen 27:13-26

Een gemeentelid, een Kattiker, was heel jong aangemonsterd op een vissersboot. Inmiddels hoogbejaard, zei hij tegen mij: 'Op zee, als je schip opgetild wordt door huizenhoge golven, is het onmogelijk niet in God te geloven.' Lucas' verslag van dit gedeelte van Paulus' zeereis bracht zijn opmerking in herinnering. Het is niet niks als je in inktzwarte duisternis aan de elementen bent overgeleverd en de kapitein de scheepslading overboord laat zetten. Ja, zelfs de ra van de hoofdmast werd los gekapt, zodat het schip niet zou kapseizen. Evenals in het verhaal van de onfortuinlijke zeereis van Jona, zal iedereen wel tot zijn eigen god geroepen hebben. In deze paniek getuigt Paulus van 'de God aan wie ik toebehoor en die ik dien'. Wanneer de angst regeert en je nochtans blijft vertrouwen, dan gaat geen zee te hoog. Onder ons zijn eeuwige armen.

Lied 599

## Armen van de hoop

Dit kleine kind, midden in de tijd,
ontsteekt de kaars die aarzelend begint.
Op moeders arm weer naar haar plaats,
want moeders dragen de toekomst mee.
Wij, nog maar net bijeen gekomen,
ontroeren bij dit sober ritueel.
Van Israëls kinderen hebben wij vernomen:
de kleinen zijn herauten van de hoop.
Waarom dan ontmoedigd halverwege?
Word toch samen armen van de hoop,
die wat zwak en klein is ondersteunen.
Wie steekt er weer een lichtje aan
zodat we mens-wording kunnen spelen?

Rob van Essen

---

## **7 december** | zondag

*Gewoon wordt bijzonder* Handelingen 27:27-38

Er is verschil van mening over het handelen van de bemanning in de pikdonkere (!) nacht. Wilden ze vluchten of inderdaad boegankers uitbrengen? De verwarring van de uitleggers weerspiegelt het chaotisch gebeuren van die nacht. Achteraf weet je soms pas of je het goede hebt gedaan. In ieder geval wordt Paulus getekend als iemand die er in alle verwarring niet voor terugschrikt koers te houden. Nu betekent dat voor hem dat hij niets ziet in ‘ieder voor zich’. Niemand zal een haar gekrenkt worden. Als teken van zijn vertrouwen spoort hij de mensen aan boord aan iets te eten. Hij gaat daarin voor, en we herkennen de woorden van het heilig avondmaal: nemen, danken, breken. Dat gaf de anderen moed. Het gewone kreeg in deze situatie bijzondere betekenis. In wezen geldt dat toch voor iedere viering van de maaltijd van de Heer.

Lied 812

## **8 december** | maandag

*Aangespoeld* Handelingen 27:39-44

Zwemmend, op planken of stukken wrakhout komen alle tweehonderdzesenzeventig schepelingen – sommige oude handschriften hebben 'ongeveer zesenzeventig' – aan land. Ik moest even denken aan Lampedusa of al die andere kusten waar vluchtelingen aanspoelen – jaar in, jaar uit. En dan zijn zij de 'gelukkigen' die het gered hebben. Paulus en zijn medegevangenen hebben dubbel geluk, want de soldaten willen hen doden. Stel dat ze zwemmend vluchten! Zo zijn er gruwelijke verhalen van slavenschepen die vergingen en waar men, met hetzelfde motief, de slaven geketend mee de diepte in zond. In Paulus' geval is het de centurio die de apostel het leven redt. Samen met de anderen komt hij behouden aan land op Malta. De baai draagt tot de huidige dag zijn naam. Voor Lucas is het duidelijk: God heeft een plan met Paulus. Zou dat niet voor alle drenkelingen gelden?

Lied 612

---

## **9 december** | dinsdag

*Vrede* Psalm 72

Een gebed voor een koningszoon. Dat hij zijn ambt waardig mag bekleden. In wijsheid en rechtvaardigheid op God gelijkend. Zo verspreidt hij de vrede, sjalom, die alle verstand te boven gaat. Vrede, sjalom, is in de Bijbel meer dan dat er geen oorlog of strijd is. Vrede is: elke mens ontvangt ruimte om te leven en te genieten van Gods schepping. Dan gaan de bergen mee in die stroom van dankbaarheid en blijdschap. Wij worden geroepen om onze voeten te zetten op de weg van vrede. God heeft in Jezus Christus laten zien wat een goede herder is. De messias is de Vredevorst bij uitstek. De psalm sluit af met een lofprijzing, en zo wordt ook het tweede deel van het Boek der Psalmen (Psalmen 42–72) afgerond.

Psalm 72

## **10 december** | woensdag

*Paulus op Malta* Handelingen 28:1-10

Paulus wordt als schipbreukeling op het eiland Malta als gast uitgenodigd op het winterverblijf van de bestuurder Publius. Dat Paulus een beet van een adder heeft overleefd, heeft indruk gemaakt. De bewoners dachten namelijk dat godin Dikè, de wrekende godin van de straffende gerechtigheid en dochter van Zeus en Themis, Paulus zou straffen met de dood. Maar omdat Paulus blijft leven, vermoeden ze dat hij een god is. Wonderlijk: een gevangene van de Romeinen wordt hartelijke gastvrijheid verleend. Er staat dat Paulus drie dagen gastvrij werd onthaald. In die situatie wordt Paulus geconfronteerd met de zieke vader van Publius. Paulus spreekt een gebed bij hem uit, legt hem de handen op en de man geneest. In dat gebed horen de omstanders dat Paulus alles van God verwacht. Daarna worden meer zieken naar Paulus gebracht en krijgen die hun gezondheid terug.

Lied 438

---

## **11 december** | donderdag

*De reizen van Paulus* Handelingen 28:11-22

De zeiltocht over de zee maakt ons duidelijk hoe afhankelijk zeelieden van weer en wind waren in die tijd. Drie maanden moest er gewacht worden om verder te kunnen reizen. En dan nog gaat de reis met horten en stoten. Wat een verschil met de wereldreizen in onze tijd. Er staat dat het schip de Dioscuren als boegbeeld had. Dat wil zeggen: Castor en Pollux, de zonen van Zeus. Zij werden gezien als de beschermers van reizigers. Puteoli was een belangrijke havenplaats aan de Golf van Napels in Italië. Paulus gebruikt de onverwachte ankerplaatsen om medechristenen te ontmoeten. Het zijn voor hem bemoedigingen! Als medechristenen hem 60 kilometer voor Rome tegemoetkomen, vat Paulus moed. Zijn hart zal vol zorgen en getob zijn geweest. Moed vatten is hier samen, gevangenen en vrije mensen, de blik op Christus houden.

Lied 440

## 12 december | vrijdag

*Vrijmoedig spreken* Handelingen 28:23-31

Paulus zoekt in zijn gevangenschap in Rome allereerst contact met de Joodse leiders. Er volgen vele gesprekken. Die duren een hele dag. Paulus vertelt vrijmoedig dat Jezus de messias is. En dat die blijde boodschap voor alle mensen is: Joden, Grieken, heidenen. Hij betrekt de Wet en de Profeten erbij in zijn betoog. Een kerntaak van de gemeente blijft om vrijmoedig het evangelie van de opgestane Heer te blijven verkondigen. Sommigen komen tot geloof, anderen druipen teleurgesteld af. Twee jaar blijft Paulus in het huis en hij ontvangt daar iedereen die naar hem toe komt. Paulus omschrijft de profeet Jesaja als een door de Geest geïnspireerde profeet. En de heilige Geest werkt door. Paulus verkondigt vrijmoedig het koninkrijk van God. Het boek Handelingen eindigt 'zonder dat hem iets in de weg werd gelegd.'

Lied 435

---

## 13 december | zaterdag

*Een klaagpsalm* Psalm 28

Psalm 28 wordt ook wel een klaagpsalm of smeekpsalm genoemd. We horen de roep om hulp. Maar ook klinkt de belijdenis dat God een rots is, een burcht van redding. Kunnen wij met Psalm 28 meebidden om vergelding voor de kwaadwilligen? Staat dat niet haaks op het gebod van de liefde? Het schuurt. Maar dat zegt ook iets over de situatie waarin je leeft. Als je onderdrukt of uitgebuit wordt en dat onrecht blijft maar doorgaan, wil je als mens graag zien dat God rechtvaardig is en ingrijpt. De ongerechtigheid op aarde heeft niet het laatste woord. Dat is een troost. In vers 6 verandert de toon van de psalm in een lofzang. God is een kracht en schild. De psalmist zingt: 'Hem wil ik loven in mijn lied.'

Psalm 28

## Lied 465

Hopen en uitzien naar het licht,
hopen, weten dat het kwade zwicht,
hopen, Christus komt, het ware licht.

*Liedboek. Zingen en bidden in huis en kerk*

---

## **14 december** | zondag

*Driemaal Heilig* Jesaja 6:1-13

'Heilig, heilig, heilig is de HEER van de hemelse machten. Heel de aarde is vervuld van zijn majesteit.' Deze woorden klinken in het visioen van de profeet Jesaja. Hij ziet engelen, met zes vleugels die elkaar driemaal 'heilig' toeroepen. In de liturgie van de kerk heeft het Heilig, oftewel het Sanctus, een vaste plaats gekregen. Op aarde wordt op deze wijze ingestemd met de hemelse lofzang. Ook in het boek Openbaring horen we het Heilig weer klinken. Een engel raakt met een gloeiende kool de lippen van Jesaja aan. Hij wordt geroepen, en hij antwoordt: 'Hier ben ik.' Ook wij worden geroepen om op weg te gaan. Laten we instemmen met Jesaja en antwoorden: 'Hier ben ik.' En laten we instemmen met de lofzang. Dag in, dag uit.

Lied 405

## **15 december** | maandag

*Houd het hoofd koel* Jesaja 7:1-9

Jesaja krijgt de opdracht om op weg te gaan om Achaz, de koning van Juda, te ontmoeten. Achaz was de zoon van de gelovige Jotam en de kleinzoon van Uzzia. Als over 'het huis van David' gesproken wordt, gaat het hier over Achab. Resin, de koning van Aram, en Pekach, de koning van Israël, vallen Achaz aan. Zij willen hem vervangen door de zoon van Tabeal. De schrik slaat Achaz om het hart. 'Houd het hoofd koel,' dat is wat Jesaja tegen hem moet zeggen. 'Laat u geen schrik aanjagen.' Een woord van bemoediging klinkt in spannende tijden. Dat is de boodschap van de profeet. 'Alleen als jullie vertrouwen hebben, houden jullie stand.' En deze boodschap geldt ook voor ons. Het gaat om geloofsvertrouwen. Het bijzondere is dat op exact dezelfde plaats later het geloof van Hizkia op de proef wordt gesteld.

Lied 452

---

## **16 december** | dinsdag

*Immanuel* Jesaja 7:10-17

Koning Achaz ontvangt een teken van de profeet Jesaja, maar hij begrijpt er niets van. 'De jonge vrouw is zwanger, zij zal spoedig een zoon baren en hem Immanuel noemen.' Het teken is verbonden met de naam Immanuel, God-met-ons. Boter en honing verwijzen hier naar het beloofde land. Het zijn de voedingsmiddelen die beschikbaar blijven als de akkerbouw door oorlogen verwoest is. Achaz trekt zich niets aan van de woorden van de profeet en trekt zijn eigen spoor. Het is alsof hij wil zeggen: Assyrië-met-ons. Met alle nare gevolgen van dien. Er volgt een ballingschap. Wat zouden wij graag een teken uit de hemel willen krijgen in moeilijke tijden. Van ons wordt gevraagd onze lampen brandende te houden in de donkere dagen voor Kerst. Dat wil zeggen: te vertrouwen op Immanuel: God-met-ons.

Lied 455:2,3,4

## **17 december** | woensdag

*Op die dag* Jesaja 7:18-25

In de adventstijd staat in de lezingen de komst van het kind in de kribbe centraal, maar ook de wederkomst van de messias. 'Op die dag' weerklinkt in dit gedeelte. Jesaja verbindt de aankondigingen voor Achaz met de eindtijd. Assyrië zal Israël verslaan. De vliegen zijn de Egyptenaren en de bijen de Assyriërs. Deze twee grootmachten zullen het land verwoesten. De koning van Assyrië wordt een scheermes genoemd. Er zullen nog slechts een jonge koe en twee schapen of geiten overblijven. Heel het land zal vol distels en doornen zijn. Een wildernis. Enkele hoofdstukken verder zullen we lezen hoe in de duisternis een groot licht stralend op zal gaan.

Lied 447

---

## **18 december** | donderdag

*De stad van vrede* Psalm 87

Psalm 87 is een uniek loflied op Sion. De moederstad. Jeruzalem. In de Bijbel is het de stad van de vrede. Kom er nu nog eens om? Drie godsdiensten hebben daar hun heilige plaatsen: de tempel, waarvan alleen de muur nog over is, voor de joden, de moskee voor de moslims en Golgota en de graftuin voor de christenen. De groepen leven allesbehalve in vrede samen. Jeruzalem is een gevaarlijke stad. De stad ligt er mooi, op de berg Sion. Maar binnenin zijn er spanningen. En toch is die vrede beloofd: toekomstmuziek. Rahab en Babel, twee aartsvijanden, worden door God niet afgeschreven, maar op de rol bijgeschreven! 'Rahab' is een scheldnaam voor een zeemonster. Het wordt hier gebruikt voor Egypte. Andere volkeren worden als de kinderen van één Vader beschouwd. Ze zullen samen dansend zingen. Wat een vooruitzicht! Maranata: Heer, kom spoedig.

Psalm 87

## **19 december** | vrijdag

*Stamboom* Matteüs 1:1-17

Geslachtsregisters in de Bijbel lijken vaak saai. Maar dat zijn ze bij Matteüs beslist niet. Ze geven een beknopt symbolisch overzicht van de geschiedenis van Israël uitlopend op de geboorte van de beloofde verlosser, de messias. Het is opvallend dat er vrouwen in dit geslachtsregister voorkomen. De erfopvolging volgt namelijk in die tijd de mannelijke lijn. Vier namen van vrouwen worden genoemd, een getal dat de gehele aarde omvat. Tamar en Batseba herinneren aan minder fraaie perioden uit de geschiedenis van het Oude Testament. Toch zijn zij stammoeders van de messias. Met Rachab en Ruth vertegenwoordigen ze de niet-Joodse volken. Tamar (Gen. 38) was een Kanaänitische, evenals Rachab (Joz. 2 en 6:15-27). Ruth kwam uit Moab. En Batseba wordt als 'vrouw van Uria' aangeduid, en Uria was een Hetiet. Jezus Christus is de vervulling van een bijzondere belofte!

Lied 445

---

## **20 december** | zaterdag

*Een kind is ons geboren* Matteüs 1:18-25

De profetie van Jesaja gaat in vervulling (Jes. 7:14). Immanuel, een kind wordt ons geboren! De geboorte van de messias is iets dat naar menselijke maatstaven onmogelijk is. Maria blijkt zwanger te zijn 'door de heilige Geest'. God maakt een nieuw begin. In Jezus is God werkelijk mens geworden. Matteüs vertelt het geboorteverhaal vanuit het perspectief van Jozef. Geconfronteerd met de zwangerschap van zijn verloofde, besluit hij stilletjes van haar te scheiden, om haar niet in opspraak te brengen. In een droom wordt hem door een engel echter duidelijk gemaakt dat er geen sprake is van ontrouw. Hij moet niet met Maria breken. Jozef doet wat de engel hem zegt. Hij gelooft God op zijn woord. De naam van het kind wordt ook van hogerhand gegeven: Jezus, dat wil zeggen: de Heer redt.

Lied 466:4

## Psalm 85:4

Waar Hij ook gaat, de vrede gaat Hem voor,
liefde en trouw ontspruiten in zijn spoor.
Gerechtigheid is voor zijn aangezicht,
zij bloeit alom waar Hij zijn voetstap richt.

*Liedboek. Zingen en bidden in huis en kerk*

---

## **21 december** | zondag

Opgaande zon Psalm 19

Psalm 19 wordt vanouds in de adventstijd gezongen. In de psalm weerklinkt hoe de hemel verhaalt van Gods majesteit en het uitspansel het werk van zijn handen roemt. De dag zegt het voort aan de dag die komt, de nacht vertelt het door aan de volgende nacht. De zon komt op. We horen het beeld van een bruidegom die het bruidsbed verlaat. In de christelijke traditie wordt Christus zowel de opgaande zon, de Oriens, genoemd, alsook de bruidegom. In Lied 466, is een bewerking van de O-antifonen. Deze antifonen omlijsten de lofzang van Maria in de kloosters in de week voor kerst en beginnen steeds met een uitroep 'O'. Strofe 5 richt zich ook op de Oriens. 'Daag op, o grote dageraad, licht aan, wij zijn ten einde raad.' Het licht van Christus straalt in de duisternis.

Lied 466:5

## **22 december** | maandag

*Siloah* Jesaja 8:1-10

Dit is een pittig stukje tekst. De profeet verwijt het volk dat het 'het water van Siloach' veracht. Siloach is een beekje dat voortkomt uit de Gichonbron van de berg Sion en Jeruzalem van water voorziet. Het volk is onder de indruk van de macht van wereldheersers. Daarbij vergeet het dat die macht tijdelijk van aard is en dat God een heel andere wereldorde voor ogen heeft. De profeet ziet de vloedgolf van de wereldmacht (Assyrië) het land overstromen en alles vernietigen. In deze duisternis begint wel het licht te schijnen. Het is het land van Immanuel, dus kan Assur niet voor altijd triomferen. De wereldmacht zal zijn hoofd stoten. Wat een troost. De huidige wereldmachten zijn van tijdelijke aard. Het koninkrijk van God nadert zijn voltooiing. Vanuit die verwachting mogen we leven; want Immanuel, met-ons-is-God!

Lied 460

---

## **23 december** | dinsdag

*Struikelblok* Jesaja 8:11-23a

In dit gedeelte wordt een scherpe grens getrokken tussen Jesaja met zijn kleine groepje trouwe gelovigen en de massa, die de waan van de dag volgt. Jesaja hoort de boodschap om niet bang te zijn voor alles wat hun angst aanjaagt. God wordt een heiligdom genoemd, maar ook een struikelblok. In het Nieuwe Testament betrekt Paulus dit beeld op Jezus. Jesaja roept op om te volharden in geloof in God. 'Ik heb mijn hoop op Hem gevestigd.' Zoek je heil niet bij waarzeggers en geesten, zoals in die tijd gebeurde. De boodschap van Jesaja is een bemoediging. Een boodschap van licht in de duisternis.

Lied 442

## **24 december** | woensdag

*Een groot licht* Jesaja 8:23b–9:6

In de kerstnacht wordt traditiegetrouw Jesaja 9:1-6 gelezen en ook vaak gezongen. Het volk dat in duisternis wandelt, ziet een groot licht. Er is grote blijdschap in plaats van benauwdheid. Er is bevrijding in plaats van slavernij. Er is vrede in plaats van strijd. Het licht breekt door. Midjan verwijst hier naar de overwinning die Gideon op Midjan behaalde (Recht. 7:19-25). 'Een kind is ons geboren, een zoon is ons gegeven, de heerschappij rust op zijn schouders.' En dan volgen de namen: Wonderbare raadsman, Sterke God, Eeuwige vader, Vredevorst. Aan zijn vrede zal geen einde komen. Vandaag bezingen we het wonder van de komst van Christus. De hemel gaat open, en we zingen met de engelen mee: 'Gloria in excelsis Deo'!

Lied 482

---

## **25 december** | donderdag KERST

*Vrede op aarde* Jeremia 23:1-8

In Jeremia 23 verwijst de profeet naar een rechtmatige telg (of spruit) die God aan David zal verwekken. Hij zal ontspruiten aan de stam van David. En hij zal als koning een wijs beleid voeren en recht en gerechtigheid handhaven in het land. Eerst noemt Jeremia de slechte herders die de kudde uiteenjagen en dan benoemt hij dat er goede herders aangesteld zullen worden die de kudde zullen weiden. In het Hebreeuws is een woordspeling te lezen. 'Jullie zijn ze niet gaan zoeken. Daarom ga ik jullie zoeken: ik zal jullie straffen.' Het rijk van de rechtmatige telg zal vrede zijn. 'Vrede op aarde' zingen we op het kerstfeest mee met de engelen. Moge die vrede neerdalen op aarde.

Lied 481

## **26 december** | vrijdag

KERST

*Wijzen uit het Oosten* Matteüs 2:1-12

Magiërs uit het Oosten laten zich gidsen door een ster en komen in Jeruzalem aan. Koning Herodes schrikt van het geboortebericht van een nieuwe koning. En dat is nog wel te begrijpen. Hij duldt geen rivaal naast zich. Zijn religieuze adviseurs wijzen op teksten uit Micha 5, waar Betlehem in Judea genoemd wordt. Het kind en zijn moeder worden door de magiërs gevonden. Ze brengen Hem hulde en geven Hem geschenken. Niet alleen eenvoudige herders komen tot aanbidding, ook de magiërs knielen voor hem neer. De sterrenkundigen keren met een grote boog om Jeruzalem heen terug naar huis. In vrede.
Wij worden uitgenodigd om ook mee te knielen. Zoals de bekende Christmas carol *In the Bleak Midwinter* zingt: 'Yet what I can I give Him: Give my heart.' ('Maar wat ik kan, geef ik Hem: Mijn hart!')

Lied 520

---

## **27 december** | zaterdag

*Onmondige kinderen* Matteüs 2:13-23

Een autocratische machthebber als Herodes deinst nergens voor terug om zijn eigen macht te handhaven, zelfs het laten doden van kinderen is voor hem geen taboe. Wat een verdriet! Jozef, Maria en het kind moeten naar Egypte vluchten. 'Maak je gereed', klinkt 's nachts in een droom tot Jozef. 'Maak je gereed en vlucht met het kind en zijn moeder naar Egypte. Blijf daar tot ik je weer roep.' Pas na de dood van Herodes kunnen ze terugkeren. 'Maak je gereed en ga met het kind en zijn moeder naar het land Israël.' Niet naar Betlehem, waar Herodes' zoon heerst, ze gaan naar Nazaret in Galilea.
Vanaf de vijfde eeuw herdenkt de christelijke kerk op 28 december de moord op onmondige kinderen. Het is belangrijk om aandacht te blijven geven aan het verdriet dat zoveel kinderen lijden onder en sterven door geweld.

Lied 510

## Ooit zal het vrede zijn

Ooit zal het vrede zijn
dan is de strijd beslist.
Geen honger meer, geen dorst of pijn,
de tranen afgewist.
Maar vrede kiemt op grond
van de gerechtigheid.
Doe ons dat rechte spoor
verstaan, uw woorden toegewijd.

Sytze de Vries en Erick Versloot, *'Het lied op andere lippen.' Een leven in liederen*, Boekencentrum, Zoetermeer 2015, p. 108-109

---

## **28 december** | zondag

*Onze hulp* Psalm 124:1-8

'Ik snak soms naar stevig psalmgezang. Want daarin komt alles aan de orde: de nood van Israël, de haat jegens het kwaad, de lofprijzing van wie ons door de dood en de doodsheid heen sleurt, de opgetogenheid en de neerslachtigheid ...' Het zijn woorden van Willem Barnard (*Lofzang is geen luxe*, KokBoekencentrum, Utrecht 2005). Psalmen als manna voor de kerk. Golven van ellende kunnen over je heen komen in het leven. Dat is de realiteit. Hoe kom je daardoorheen? Door de zegen van de Eeuwige. Zijn barmhartigheid heeft geen einde. In de viering op zondagmorgen klinkt deze bemoediging: 'Onze hulp is in de naam van de Heer.' Wij verwachten onze hulp niet van onszelf, maar van de Eeuwige, die trouw is van generatie op generatie.

Psalm 124

## **29 december** | maandag

*Bileam* Numeri 22:2-20

In deze lezing horen we over de wonderlijke figuur Bileam. Hij was een ziener en waarzegger. Hij wordt ook wel pseudoprofeet genoemd. Balak, de koning van Moab, voelt zich bedreigd door het volk Israël en vraagt Bileam het volk te vervloeken. Hij stuurt zijn oudsten op weg naar Bileam. Ze hadden een beloning voor de waarzegger bij zich. Bileam wil over het verzoek nadenken. 's Nachts zal hij als een soort medium God raadplegen. En God (Elohim, dat wil zeggen: de rechtvaardige) spreekt tot hem. 'Ga niet met hen mee en vervloek dat volk niet, want het is gezegend.' En Bileam gaat niet. De koning van Moab stuurt opnieuw gezanten naar Bileam en geeft hun goud en zilver mee. Opnieuw vraagt Bileam God in de nacht. En dan zegt God: 'Ga dan maar met hen mee. Maar je mag alleen doen wat Ik je opdraag.'

Lied 993

---

## **30 december** | dinsdag

*Bijbelse humor* Numeri 22:21-40

Bileam is Gods boodschapper. Zijn ezel helpt hem de situatie te verstaan. Dieren gebruiken hun zintuigen vaak beter dan mensen. De valwind van Leersum in 2021 voelden koeien en schapen in de wei aankomen. Het blijven wonderlijke fenomenen. Maar ze zijn er wel. Mens en dier worden door God ingezet om zijn beleid voort te zetten. Het is ook humor, zoals Jonathan Sacks uitlegt. Bileam was bekend als ziener. God laat hem nu ervaren dat zelfs een ezel meer ziet dan Bileam. De ezel ziet wat Bileam niet kan zien: de engel die op de weg staat en de doorgang verspert. God vernedert wie zich verheven waant en andersom. Bileam wordt ervoor betaald Israël te vervloeken. Het tegendeel gebeurt: hij prijst en looft de God van Israël. Hij lijkt de minst geschikte boodschapper, maar is wel degene die de mooiste boodschap brengt.

Lied 992

## **31 december** | woensdag

OUDJAAR

*Oudjaar*

Psalm 59:1-18

De psalm begint bedroefd, maar eindigt met een lofprijzing. Volgens het opschrift verwijst de psalm naar het verhaal dat Saul opdracht had gegeven David thuis vast te houden en hem te doden. Er is allerlei gevaar om de psalmist heen. Vijanden en belagers, onrechtvaardigen en wie bloed vergieten. 'Bevrijd mij', klinkt de schreeuw uit de wanhoop. Het is van alle tijden. Ook in onze tijd is er veel wanhoop. Grommende honden gaan ook nu rond, met hun mond vol venijn. De psalmist zingt: 'God, die trouw is, zal mij te hulp komen.' Te midden van alle ellende blijft de psalmdichter zingen. 'Mijn sterkte, voor U wil ik zingen, mijn burcht is God, de God die mij trouw blijft.' Moge deze lofzang ons bemoedigen op de drempel naar het nieuwe jaar.

Psalm 90a

# Gebeden

## 1. Die zich op vrede en verzoening richt

Zegenbede

God zegene
De mond en alle woorden,
Die zijn gesproken op de weg met Hem.
Dat steeds de taal van liefde zich laat horen
En ieder woord de tolk wordt van zijn stem.
Dat steeds de taal van liefde zich laat horen
En ieder woord de tolk wordt van zijn stem.

God zegene
De hand en alle daden,
Waarmee zijn schepping verder wordt gebouwd.
Wees als het zaaigoed op de wereldakker
Dat, uitgestrooid, de vaste grond vertrouwt.
Wees als het zaaigoed op de wereldakker
Dat, uitgestrooid, de vaste grond vertrouwt.

God zegene
De blik en alle ogen,
Die uitzien naar het koninkrijk van licht.
De toekomst van de wereld van Gods dromen
Die zich op vrede en verzoening richt.
De toekomst van de wereld van Gods dromen
Die zich op vrede en verzoening richt.

*De tekst kan worden gezongen op de melodie van 'Be still my soul' uit* Finlandia, *van Jean Sibelius.*

## 2. Het tandenpoetsgebed

Ochtendbede

Als ik 's morgens mijn tanden poets
Bekruipt mij dikwijls een verbijsterende gedachte:

Uw woord schiep de oneindigheid van het heelal
Met minstens 2000 miljard sterrenstelsels
In onze eigen Melkweg is de stralende zon
Niet meer dan één van de 250 miljard sterren
Wij leven binnen duizelingwekkende dimensies
*Heer, wie ben ik dat U aan mij denkt?*

Uw hand vormde ooit het wonder van de mens
Een wezen met 206 botten en 86 miljard hersencellen
Met nog eens 20 biljoen andere cellen op zijn huid
Een lichaam nog spectaculairder dan een ruimteschip
Wij bestaan uit duizelingwekkende dimensies
*Heer, wie ben ik dat U aan mij denkt?*

Als ik 's morgens mijn tanden poets
Bekruipt mij dagelijks een verblijdende gedachte:
*Heer, dank U dat U zelfs aan mij denkt.*

## 3. Bij schaal, brood en beker

*Tafelgebed*

Op dit moment bij schaal, bord en beker
Met als getuigen een lepel, vork en mes
Begroeten wij het moment van stilte
Om voor al uw goede gaven
Onze dankbaarheid uit te spreken.

Op dit moment in de drukte van een mensenleven
op een rustpunt in de hectiek van alledag
Benoemen we bewust hardop
De rijkdom van de verbondenheid
Die wij elkaar en die U ons wilt geven.

Op dit moment bij alles wat wij hebben of nu zijn
In dit leven van veel verspilling en overvloed
Bidden wij openhartig
Om de leefstijl van genoeg is genoeg
En om straks bij elke hap iets te ervaren
Van de gave van voeding en leven
En van uw noodzakelijke zegen.

## 4. Wees niet onverschillig voor mijn tranen

Gebed in nood

Mijn God,
Wees niet onverschillig voor mijn tranen
Sluit uw oor niet voor het roepen van mijn hart
Vóór mij tekent het einde van de weg zich af
De maat van mijn dagen is gemeten.

Als in een droom ging ik mijn pad
Steeds dronk ik als vanzelfsprekend de levensbeker
Het leven omarmde ik als onverwoestbaar eigendom
Maar nu moet ik alles afstaan aan de laatste werkelijkheid.

Mijn God,
Wees niet onverschillig voor mijn angst en pijn
Geef mij uitzicht bij alle uitzichtloosheid
Deel de diepte van mijn verwarring en eenzaamheid
Want op wie anders kan ik steunen als ik wankel?

*U bent het die de machteloosheid van mijn nacht*
*Kan veranderen in een lichtende morgen –*
*In de liefdevolle morgen van uw eeuwigheid.*

## 5. Hartstochtelijk in vrede leven

*Gebed om vergeving*

God vergeef,
Dat onze eenkennigheid
Mensen verdeelt en rassen van rassen scheidt
Volk van volk en klassen van klassen.

God vergeef,
Dat onze hebzucht
Van mensen en culturen steelt
Roofbouw pleegt op wat ons niet toebehoort
Dat onze bezitsdrang deze aarde uitput
En in de wereld verwoest wat U geschapen hebt.

God vergeef,
Dat ons gebrek aan eerlijk medeleven
Vluchtelingen door de wereld jaagt
Dat de onverhulde hoogmoed
Ons tot blinde toeschouwers maakt
En ons geloof versmalt tot een mondvol sprakeloosheid.

God vergeef,
Dat wij te vaak te snel en te veel een oordeel vellen
Vooral over anderen maar zelden over onszelf
Leer ons te vergeven en te laten vergeven
Opdat wij met elkaar verzoend en verzoenend
Vandaag, morgen, altijd en overal
Hartstochtelijk in vrede zullen leven.

## 6. Waarvan gekooide vogels zingen

*Gebed voor Amnesty International*

U schiep de mens als een vrije vogel
Om uit te vliegen op de vleugels van de verre wind
Om te nestelen in de onbezorgde takken van de liefde
Om geborgenheid te vinden in de oranje avondzon
Om het morgenlicht te wekken met het nieuwste lied.

Maar een gekooide vogel kan slechts van verten dromen
Gekortwiekt achter wrede tralies dooft zijn lied
De kille angst verlamt ten diepste zin en liefde
En brute willekeur berooft het hart van elke kracht
Zodat zijn stem al vóór het morgenlicht gebroken is.

Ontsluit mijn hart, Heer, voor de stem van de gekooiden
Maak mijn oor gevoelig voor hun schreeuw om recht
Laat mij verstaan dat juist in hun gewond gezang
Uw lied van vrijheid en vrede voor alle vogels doorklinkt
*Leer mij daarom beseffen waarvan gekooide vogels zingen.*

## 7. Spirituele dagjesmensen

Inkeer

Wat zien als we vanuit uw ooghoek
Onszelf konden zien?
We zagen mensen die zichzelf voor christenen houden
Omdat ze hun handen vouwen
Omdat hun lippen gebeden spreken
Omdat ze regels uit vrome boeken lezen.

Wat zien als we vanuit uw ooghoek
Onszelf konden zien?
We zagen mensen die denken te geloven
Omdat ze bijeenkomsten bijwonen
Omdat ze vrome liederen zingen
Omdat ze vaste feesten vieren.

Wat zien als we vanuit uw ooghoek
Onszelf konden zien?
We zagen dat we maar spirituele dagjesmensen zijn
Omdat we christendom verwarren met uiterlijkheden
Omdat we vastzitten in gestolde systemen
Omdat we vergeten wat de kern van de kern moet zijn:

Dagelijks Christus integreren in onze persoonlijkheid.

## 8. Groepsfoto zonder God

*Klacht*

Ooit vierden we overal en altijd
Uw nadrukkelijke aanwezigheid
Kerktorens waren uw sociale media
Hemelwaarts wijzend boven stad en dorp
In een wereld vol van godsdienstige wetmatigheid
*Heel ons bestaan – een groepsfoto mét God.*

Maar nu bent U overal en te vaak
Een oorverdovende afwezigheid
Verkleind in de krimpfolie van de tijd
Zonder publieke middelen die nog naar U verwijzen
Nauwelijks gekend door de zwijgende meerderheid
*Heel ons bestaan – een groepsfoto zónder God.*

En straks bent U in wat nog toekomst heet
Misschien niets anders dan een verre fluistering
Omdat zin of samenhang geen hoger doel meer dient
En de cultuur zich laaft aan een God-is-dood-filosofie
In een oorlogswereld die zich dood vecht bij het leven
Heer, maak ons weerbaar voor die neerwaartse spiraal
*Van een verloren bestaan – zónder groepsfoto én zónder God.*

## 9. Honderduizend liederen

Dankbaarheid

We kunnen honderdduizend liederen zingen
Over het waanzinnige wonder van dit bestaan
Over de goede schepping van onze kwetsbare aarde
Over de kleine dingen die het leven glimmen doet
Over de schaterlach van kleurige bloemen
Over het mogen dienen van U en van elkaar.

Toch slaken wij honderdduizend zuchten
Over roem en rijkdom die nog ontbreken
Over dingen die we niet krijgen maar wel begeren
Over het kleine tekort ondanks onmatige overvloed
Over de ster die we willen zijn maar nooit zullen worden
Over de volmaaktheid die onbereikbaar blijkt.

Maar we kunnen best honderdduizend liederen zingen
Als we de melodie van ons hart maar afstemmen
Op de partituur van de kleine tevredenheid
Op het notenschrift van de klinkende dankbaarheid
Op de muzieksleutel van de warme liefde
Op de maatvoering van de intense verwondering
Dat ieder van ons een musicus mag zijn
In het mysterie van Gods scheppingssymfonie.

## 10. We hebben iemand nodig

Christusgebed

Omdat we zonder instructieboekje worden geboren
Omdat het leven een permanente zoektocht is
Omdat we uiteindelijk onszelf een raadsel zijn
Omdat we steeds verdwalen tussen de hoed en de rand
Omdat we elke dag pelgrimeren in onbereisd land
*Hebben we iemand nodig die ons de weg wijst.*

Omdat ons verstand geen bron is van alwetendheid
Omdat algoritmes niets van de levensessentie doorzien
Omdat de mensheid tot op het bot met leugens is besmet
Omdat complotdenkers betrouwbaarheid hebben aangetast
Omdat door fake media waarachtigheid bouwvallig is
*Hebben wij iemand nodig die ons leert wat waarheid is.*

Omdat we 'hebben' hoger achten dan het 'zijn'
Omdat we het doel van ons bestaan niet peilen
Omdat we leven tot consumeren verlagen
Omdat we onze kwetsbaarheid niet als opdracht ervaren
Omdat we groot zelfverlies verwarren met klein zelfbehoud
*Hebben we iemand nodig die toont waartoe leven dient.*

*Christus, U zegt dat U de weg, de waarheid en het leven bent.*
Christus, wat hebben wij U broodnodig!

## 11. De rommelkamer van mijn hart

*Belijdenis*

Mijn hart is een rommelkamer van het zuiverste water
Ik ben de huisjesmelker van ongeordende verlangens
Mijn dozen vol driften liggen overal en overhoop
En hoe ik ook opruim of verbouw
Ik blijf wat ik ben zonder dat er iets verandert
Niets kan een bevrijdende bres slaan
In de chaos van mijn persoonlijkheid.

Mijn hart is een rommelkamer van het troebelste water
Met kisten boordevol menselijke menselijkheid
Al mijn kasten puilen uit van dikke stapels
Goedbedoelde maar toch mislukte voornemens
Zo ben ik nu eenmaal en niet zo'n beetje ook.

Maar weet u wat bij dat alles enorm bemoedigend is?
*God heeft mij én mijn rommelkamer zonder mitsen of maren*
*Gewoon geaccepteerd*
*Onvoorwaardelijk.*

## 12. In de haven van de nacht

*Avondgebed*

Vandaag voer ik weer op de binnenzee van alledag
Ik schipperde rond met mijn smalle vracht
Veel bakens werden niet door mij verzet
Mijn koers kende nauwelijks afwijkend gedrag
Routineus hees ik boven zorg en zin mijn vlag
Maar in vol vertrouwen meer ik nu af
In de haven van deze nacht
*En bid om goede rust en om nieuwe levenskracht.*

Mijn leven lang vaar ik als binnenschipper rond
Het zeil gehesen voor de beurtvaart van het klein belang
Het ruim geladen met vergeefs proberen en gebreken
Meestal varend vóór de wind of beukend tegen stormen in
Maar als ik eens de mast zal strijken
In de laatste haven voor de laatste nacht
*Bid ik U om rust en om uw vasthoudende zegen.*